Copyright © 2019 by KING RAM. 780596

ISBN: Softcover   978-1-9845-0289-6
       EBook   978-1-9845-0288-9

Print information available on the last page

Rev. date: 02/21/2019

To order additional copies of this book, contact:
Xlibris
1-800-455-039
www.xlibris.com.au
Orders@Xlibris.com.au

Firmament12

KING RAM

Orientación entregada por El Hijo Del Hombre

[SPANISH]

Es posible que en el tiempo en el cual estoy, todo ha pasado de improvisto, pero todo es marcado en lo invisible a pasar y es por ello que mi estadía aqui en la Tierra debía acontecer asi como fue marcada por el mismísimo Dios, luego grabado en las rocas por los profetas Mayas que es la Tribu elegida desde ese instante de la cual soy descendiente legitimo, también fue profetizado por el mismo Emmanuel, ese fue el ultimo proclamo hecho directamente de Emmanuel, nada es provisto en lo Terrenal pero es mas bien diseñado en lo profundo de lo Celestial de los labios directos de nuestro creador quien es el que diseña todo.

Emmanuel no escribió absolutamente nada, pues no quiso oponerse a lo ya escrito he inspirado por nuestro Dios unigénito, también yo no he escrito nada para ser agregado al Viejo Testamento, claro que esas no han sido nuestras intenciones. El libro que yo he escrito es para dejar pruebas que yo he nacido y he envejecido con la noción del tiempo a la interpretación de esta vida la cual no tiene nada mas que aferrarse a las ordenes Celestiales las cuales son nuestro guía para poder hacer todo lo ordenado, nada es asi elocuente, todo debe hacerse asi como esta programado por lo Celestial y **El Hijo Del Hombre** tiene que existir.

Todos se darán cuenta que Emmanuel y el hijo del hombre nombrado ***RAM*** por el mismísimo Dios no esta representando o asumiendo que es Emmanuel, no. Emmanuel tomo su forma en su tiempo, y el hijo del hombre esta representando a LA NUEVA EDAD, ese soy yo, asi como Elías aparece en el viejo Testamento y luego aparece como John de Baptist. Solo Emmanuel tenia ese conocimiento y lo declara a sus 12 apóstoles y hoy dia el hijo del hombre declara que Elías se hace presente en Jericó para ungirlo como rey Celestial y nada puede cambiar lo marcado por nuestro Dios altísimo, todo debe de hacerse asi como esta proclamado. Este libro con toda el ARTE DIGITAL. Todo este Arte Digital muestra como Dios a creado solo un Universo el cual contiene todas las torrentes aguas las cuales hacen este Universo el unico ante todo lo que existe, y solo podemos entrar en este Universo cruzando todas estas torrentes aguas, pero no lo podemos hacer en la vida Terrenal, debemos ser transformado a lo Espiritual para recorrer y entrar a este viaje el cual esta diseñado una vez somos transformado a la vida espiritual.

Claro que es imposible de tratar de encontrar todas estas Tierras o Planetas mas bien dicho, la unica entrada por el espacio solo puede hacerse cruzando completamente el Sol, lo cual no puede hacerse porque no hay maquina que pueda resistir la temperatura con la cual el Sol es formado, pero todo el sistema es sostenido por el Sol, si el Sol desaparece estemos seguros que todo desaparecerá del Universo. Es por ello que Dios programa AL HIJO DEL HOMBRE para que todo esto sea reparado porque el Sistema Solar debía desaparecer exactamente el 18/06/2001, pero todo el Universo fue hechizado para este gran evento, fue en ese instante que Dios bajo de su santo trono para pulverizar este Sol, pero por razones inexplicadas solo el Hijo del Hombre tenia este poder de hacer contacto directo con este Sol que ya había perdido su contextura y debía ser renovado, Dios por razones inexplicables tuvo que subir repentinamente y estar en vigilancia en todo lo que estaba pasando. Yo había sido creado para tal evento por LA MADRE TIERRA que es la que procrea y dispone con dirección Santa y Divina de lo que se debe hacer dentro de esa magia Celestial, es claro que mi existencia debía ser posible para la estabilidad y la protección de todo lo creado, nada debía de ser destruido mas que el Sol para poder poner el nuevo el cual durara por lo largo de 150,000 años los cual es la duración con la cual esta diseñado ha existir, solo los hijos directos de la MADRE TIERRA tenemos esta noción en nuestro sistema y debemos asumir nuestra responsabilidad para proteger todo lo creado y lo que esta por ser creado para que vivan una vida libre de peligro. Asi que en este Arte Digital pueden observar mi linaje y a mi persona, mi contextura Humana, Espiritual y por ultimo Celestial.

Guidance delivered by The Son of Man

It is possible that in the time in which I am, everything has happened unexpectedly, but everything is marked in the invisible to happen and that is why my stay here on Earth had to happen as it was marked by the very God, then recorded on the rocks by the Mayan prophets that is the Tribe chosen from that moment of which I am a legitimate descendant, was also prophesied by Emmanuel himself, that was the last proclamation made directly from Emmanuel, nothing is provided in the Earthly but it is rather designed deep in the Celestial of the direct lips of our creator who is the one who designs everything.

Emmanuel wrote absolutely nothing, because he did not want to oppose the already written I have inspired by our only begotten God, I also have not written anything to be added to the Old Testament, of course these have not been our intentions. The book that I have written is to leave evidence that I was born and I have aged with the notion of time to the interpretation of this life which has nothing more to cling to the Celestial orders which are our guide to be able to do everything ordered, nothing is so eloquent, everything must be done as programmed by the Celestial and the Son of Man must exist.

Everyone will realize that Emmanuel and the son of man named RAM by God himself is not representing or assuming that he is Emmanuel, no. Emmanuel took his form in his time, and the son of man is representing THE NEW AGE, that is me, just as Elijah appears in the Old Testament and then appears as John of Baptist. Only Emmanuel had that knowledge and declares it to his 12 apostles and today the Son of man declares that Elijah makes himself present in Jericho to anoint him as a Heavenly king and nothing can change what is marked by our highest God, everything must be done just like this proclaimed. This book with all the DIGITAL ART. All this Digital Art shows how God created only one Universe which contains all the torrents of water which make this Universe the only thing that exists, and we can only enter this Universe crossing all these torrent waters, but we can not do it in the Earthly life, we must be transformed to the Spiritual to travel and enter this journey which is designed once we are transformed to the spiritual life.

Of course it is impossible to try to find all these Earths or rather Planets, the only entrance through space can only be done crossing the Sun completely, which can not be done because there is no machine that can withstand the temperature with which the Sun is formed, but the whole system is sustained by the Sun, if the Sun disappears we are sure that everything will disappear from the Universe. That is why God programs THE SON OF MAN so that all this is repaired because the Solar System had to disappear exactly on 06/18/2001, but the whole Universe was bewitched for this great event, it was at that moment that God came down his holy throne to pulverize this Sun, but for unexplained reasons only the Son of Man had this power to make direct contact with this Sun that had already lost its texture and had to be renewed, God for inexplicable reasons had to rise suddenly and be on guard in everything that was happening. I had been created for such an event by THE MOTHER EARTH that is the one that procreates and disposes with Holy and Divine direction of what should be done within that Celestial magic, it is clear that my existence should be possible for the stability and protection of everything created, nothing should be destroyed more than the Sun to put the new one which will last for 150,000 years which is the duration with which it is designed to exist, only the direct children of the MOTHER EARTH we have this notion in our system and we must assume our responsibility to protect everything created and what is to be created so that they live a life free of danger. So in this Digital Art you can observe my lineage and my person, my Human, Spiritual and finally Celestial contexture.

BIOGRAFIA

[SPANISH]

RAM SHEVRARY nació en EL VALLE DE LAS HAMACAS C.A, el lunes 15 de julio de 1963, descendiente de los mayas y el único rey que ha sido profetizado por el Dios vivo, EMMANUEL Y LOS MAYAS: **como el Hijo del Hombre** para la Nueva Era. Ahora estoy haciendo este libro con todas mis pinturas que mostrarán cómo esta formado el Universo de DIOS, es el único Universo que contiene todas las aguas en las que Él ha distribuido entre todos los Planetas Celestiales en los que yo he Pintado para que puedan tener una idea de cómo esta formado el Universo y el unico el cual contiene todas las torrentes Aguas.

FIRMAMENT12: representa LA NUEVA ERA: que trata y estudia: Las Aguas, La Teología [**CRAON** DIOS " 〔glifos mayas〕 "] **que es el nombre en la Lengua Maya**, Emmanuel y El Hijo del Hombre], la Luna, El Sol, Los Planetas que contienen aguas que son: El Raimbow, la Tierra, de Soil [es nuestro Planeta], Cielo, Firmamento, Infierno, Las Estrellas, [Premoniciones, Sueños, Revelaciones, Visiones, Telepatía] y la Tierra Prometida, resumiendo que todo esto está formando el Universo del Dios viviente y la Madre Naturaleza. Y es el único universo que esta formado de las torrentes aguas.

Soy el Hijo del Hombre, el único que pude declarar todo esto que ha estado en el tiempo siendo estudiadas con prueba celestial en el que he viajado a tiempo para encontrarme con DIOS, solo que en esta forma ha sido un viaje con muchas premoniciones las cuales han sido adoptadas de una forma humana a mi interpretación y convertida al entendimiento humano, mi aparición aquí en el Soil, que es sagrado y temporal en esta Nueva Era en la que he sido moldeado por mi Padre para existir y formarme de una manera simple, es verdad que mi vida no tiene poder humano, pero que más allá de la transformación Celestial podría existir y cumplir todas las profecías asignadas a mi rol como **rey Ram o como El Hijo del Hombre**.

Soy el fundador del Templo Santo Firmament12, y el único que tiene el poder de reiniciar la **ORDINACION RAM** de la Nueva Edad; He sido creado con esa consistencia y para guiar a esta gente de la Nueva Era con la autoridad real dada por el DIOS viviente. Es cierto que este pueblo de la Nueva Era no me ha adoptado porque no creen en el que el DIOS viviente envió, estos sucesos han ocurrido antes con Emmanuel y el mismo Emmanuel declaran que el Hijo del Hombre será amenazado como lo han hecho con Elías.

Todas estas pinturas representa la Era del Hijo del Hombre, para demostrar a la gente que mi existencia es real y que todo se ha hecho con las órdenes asignadas al Hijo del Hombre. El Arte digital se venderá individualmente con marco; este será el tamaño 700mmx1,000mm. Este Arte es solo para las personas que colectan y tienen el privilegio de mostrarle al mundo. El Hijo del Hombre ha hecho toda esta Arte y todas sus fotos para mostrarle al mundo su línea familiar o DECENDENCIA. Yo represento al Rey de los Mayas aquí en la Tierra o al Hijo del Hombre.

Lucas 17:22 Entonces dijo a los discípulos: "El tiempo vendrá cuando desearás poder ver uno de los días del Hijo del Hombre, pero no lo verás.
Ahora la gente de la Nueva Era puede verme y contemplar todo mi linaje y a mí.

Email: firmament12@hotmail.com
www.holytemplefirmament12.org
Miren el YouTube Mikey0z Amigos
Pueden leer el libro: "DE LOS CIELOS A LA TIERRA"[también escrito por mi]

BIOGRAPHY

RAM SHEVRARY was born in EL VALLE DE LAS HAMACAS, C.A, Monday 15th of July 1963, Mayan descendant and the only king that has been prophesied by the living GOD, EMMANUEL AND THE MAYAS: as the Son Of Man for the New Age. Now I am making this book with all my painting that will show how the kingdom of GOD is made, is the only Universe that contain all the waters in which He has distributed among all the Celestial Planets in which I had Painted that you could be able to have an idea how the Universe and the only one is formed.

FIRMAMENT12: represent THE NEW AGE: which deals and study the: Waters, Theology [**CRAON GOD** "⬡⬡⬡⬡"] **name in the Mayan Language**, Emmanuel and The Son Of Man], the Moon, The Sun, The Planets that contain waters which are: The Raimbow, Earth, Soil [is our Planet], Heaven, Firmament, Hell, The Stars, [Premonitions, Dreams, Revelations, Visions, Telepathy] and the promise Land, resuming that all this are forming the Universe of The Living GOD and Mother Nature. And is the only Universe consisting of Waters.

I am the Son of Man, the only one who could declare all this that has been in time being studied with celestial proof in which I have travelled in time to meet with GOD, only that in this way it has been a journey with many premonitions which have been adopted in a human way to my interpretation and converted to human understanding, my appearance here in the Soil, which is sacred and temporary in this New Age in which I have been shaped by my Father to exist and form in a simple way, It is true that my life has no human power, but that beyond the Heavenly transformation I could exist and fulfil all the prophecies assigned to my role as **King Ram or as The Son of Man.**

I am the founder of the Holy Temple Firmament12, and the only one that has the power to reinitiate THE ORDINATION RAM for the New Age; I have been built with that consistence and to guide this New Age people with real authority given by the living GOD. It is true that this New Age People has not adopted me because they not believe in the one that the living GOD sent, that happen before with Emmanuel and the same Emmanuel declare that the Son Of Man will be threaten as they threatened Elijah.

All this painting represent the Era of the Son Of Man, to prove to people that my existent is real and that everything has been done with the orders assigned to the Son Of Man. The digital Art will be sold individual with frame; this will be the size 700mmx1,000mm. This Art is only for the people that collect and have the privilege to show to the world. The Son Of Man has made all this Art and portrays of the whole family line. I represent the King of The Mayas here on Earth or The Son Of Man.

Luke 17:22 **Then he said to the disciples, "The time will come when you will wish you could see one of the days of the Son Of Man, but you will not see it.**
Now the New Age people can see me and contemplate all my bloodline and me.

Email: firmament12@hotmail.com
www.holytemplefirmament12.org
See YouTube Mikey0z Amigos

EPILOGO

[SPANISH]

Cuando nací fue la época de constantes eventos la cual la misma formación me daría la oportunidad de poder expresarme en el tiempo en el cual he vivido, la constante se inicio con la complicación de la pobreza, es asi que mi estancia aqui en la Tierra se da como un desenvolvimiento a la Teología, todo es declarado con el vivir y obtener la experiencia de un Profeta y un hombre amoldado por este mismo misterio.

He escrito muchos libros pero solo uno ha sido publicado y llevado al entendimiento de la prosa, claro que esta es la unica prosa la cual es conducida al éxito de la explotación humana, dándose a entender que la vida no es mas que una experiencia de adquirir una Identidad física como Espiritual llegando a la ultima transformación la cual es Celestial, todo esto es la base de nuestra aparicion aqui en la Tierra y he tenido que ser yo el cual describe esta verdad, siendo hijo del poder Celestial, este unico libro ha sido publicado y dedicado a mi creador: CRAON.

Este libro es nombrado DE LOS CIELOS A LA TIERRA, escrito directamente de mis manos, claro que en el explico desde el inicio como mi vida ha sido desplegada y conducida bajo la dureza de mi creador y el descubrimiento al final del tiempo que LA MADRE TIERRA es la productora de todo lo que podemos observar y que El rey Celestial es creado bajo esta santidad y es puesto a gobernar todo lo que ella crea, de esta forma es CRAON DIOS quien continua creando y a la misma vez LA MADRE TIERRA produce también y por ello es que no podemos entender la sicología a la cual somos puestos, pero debemos entender que debemos arrodillarnos a Dios y a LA MADRE TIERRA, porque hasta Dios se postra Celestialmente ha esta alta fuerza que no puede ser destruida mas debemos obedecerle asi como somos enseñados por nuestro DIOS unigénito, y no dudemos que nuestras fuerzas no decaerán en el silencio mas en una fuerza que no es inventada yo lo estoy declarando hoy dia y con la presencia de mis pinturas en este segundo libro el cual se llama FIRMAMENT12, muestra las pinturas creadas para explicar que todo ha sido estudiado por mi desde el inicio de mi vida enfocando mis estudios en todo lo que he podido observar y posando de vez en cuando para darles a conocer mi semblante, es algo que puedo dejar para que me reconozcan en el tiempo y que mi presencia es legitima hoy dia y que mi descendencia también es presentada en este libro, descendiente Maya, claro que esta es la raza a la cual Dios ha elegido desde

9

un principio. Se que no podrán entender pero los dejo con este pensar y mi estadía aqui en la Tierra. [EL HIJO DEL HOMBRE] de la tierra del espiritu santo.

Por supuesto que la humanidad no entienden el porque dicen que Dios actúa en una forma misteriosa, es claro que LA MADRE TIERRA es la encargada de crear todo lo que se le plazca y se las entrega al santo rey unigénito para que lo gobierne, es de esta forma que los seres [Homosexuales y Lesbianas] son creados bajo esta divina orden, por ello El santo rey unigénito a tenido que proveer un plan perfecto para que toda la creacion sea modificada con una santa y Celestial orden la cual es su ultimo COVENANT y lo declara en JEREMIAS 31:33:34, con este perfecto plan esta agradando a Nuestra Madre Tierra. **Nota que el Corazon no tiene Genero**

He enumerado en mi arte digital a mis padres y todos sus hijos [0]
Luego mi persona y a mis hijos [1] [2] [3]
[RAM] [DALTON] [SANDRA]

EPILOGUE

When I was born it was the time of constant events which the same formation would give me the opportunity to express myself in the time in which I lived, the constant began with the complication of poverty, so my stay here on Earth was It gives as a development to the Theology, everything is declared by living and obtaining the experience of a Prophet and a man shaped by this same mystery.

I have written many books but only one has been published and taken to the understanding of prose, of course this is the only prose which is led to the success of human exploitation, making it clear that life is nothing more than an experience of acquiring a physical Identity as Spiritual reaching the last transformation which is Celestial, all this is the basis of our appearance here on Earth and I had to be the one who describes this truth, being a Son of the Celestial power, this only book has been published and dedicated to my creator: CRAON.

This book is named FROM HEAVENS TO EARTH, written directly from my hands, of course in the explanation from the beginning how my life has been unfolded and conducted under the hardness of my creator and the discovery at the end of time that THE MOTHER EARTH It is the producer of all that we can observe and that the Celestial King is created under this sanctity and is set to govern all that it creates, in this way CRAON GOD continues to create and at the same time THE MOTHER EARTH also produces and this is that we can not understand the psychology to which we are placed, but we must understand that we must kneel down to God and to the MOTHER EARTH, because even God kneel down himself. Celestially, there is this high force that can not be destroyed but we must obey him as we are taught by our only begotten GOD, and do not doubt that our forces will not decay in silence but in a force that is not invented I am declaring it today and with the presence of my paintings in this second book which is called FIRMAMENT12, shows the paintings created to explain that everything has been studied by me since the beginning of my life focusing my studies on everything I have been able to observe and posing from time to time to let them know my face, it is something I can leave to be recognized in time and that my presence is legitimate today and that my offspring is also presented in this book, descendant Maya, of course this is the race that God has chosen from the beginning. I know you cannot understand but I leave you with this thinking and my stay here on Earth. [THE SON OF MAN] from the Land of the Holy Spirit.

Of course, humanity does not understand why they say that God acts in a mysterious way, it is clear that MOTHER EARTH is in charge of creating everything that pleases Her and She gives them to the only begotten saint to govern it. Is that in this form the [Homosexuals and Lesbians] are created under this divine order, for that reason the holy begotten king has had to provide a perfect plan so that all the creation is modified with a holy and Celestial order which is His last COVENANT and He declares it in JEREMIAS 31:33:34, with this perfect plan it is pleasing Our Mother Earth. **NOTE that the heart has no gender.**

I have listed my parents and all their children in my digital art [0]
Then my person and my children [1] [2] [3]
[RAM] [DALTON] [SANDRA]

DECLARACION

[spanish]

Quiero declararles que no soy mas que una señal aqui en la tierra, máximamente un sacrificio creado desde el principio del origen, no reconociendo a la madre tierra como la creadora de todo lo que es presentado ante la misma creacion, debo ser preciso que desde mi nacimiento todo ha sido derivado de la verdad a la cual pertenezco. Fui enseñado desde mi nacimiento el respetar a mi creador en la forma católica, asi fui enseñado y hube continuado con esta visión concreta aun cuando en mi juventud hube descubierto la curiosidad de buscar la formación concreta de este misterio. Mi simpleza ante la misma creacion fue desarrollada bajo el misterio que mas tarde comprendería como la verdad de todo lo que existe, mi creacion y formación es un ejemplo exacto de la creacion misma a la cual formo parte, buscando a mi creador me enfoque a buscar esa realidad, experimente en mi vida cosas misteriosas confrontándolas sin entenderlas pero teniendo en mente todo lo ocurrido lo cual seria escrutinario ante la misma vida.

Mi infancia fue humilde y para todo lo que acontecía en mi vida se lo comunicaba a mi creador, sintiendo en mis adentros algo que me controlaba espiritualmente, me enfrente con la verdad y todo daba inicio dentro de esa magia espiritual, la presencia de Elijah John de Baptist fue posible, fui ungido como el rey de los Mayas, algo fenomenal que me dio un profundo privilegio reconocer y ser palpado por el santo profeta del DIOS unigénito.

Pero la verdad que el mismísimo Dios empezó a formarme y pulirme en lo Celestial, claro que todo esto era perfecto algo que no podía yo comprenderlo en mi vida, Dios me susurraba en mis oídos lo que tenia que hacer, yo obediente continuaba sus ordenes, espíritus aparecían para darme experiencia y orientación para poder comprender eso invisible que existe.

Dios se me hizo presente cada vez que tenia que ejecutar una misión, es claro que con todo esto tenia que hacerse en el tiempo estipulado por su santo poder, lo que no comprendí es que cuando cumplía con la misión siempre terminaba trastornado por el poder directo de Dios, no podía asimilar este error, Dios quería destruirme, no entendiendo cual era el motivo si yo había hecho lo ordenado, tampoco no pude comprender el porque no pudo destruirme.

El dia 3 de Diciembre del 2003 yo tenia una semana completa de estar compartiendo con Dios en mi apartamento, no hube comido y ni comunicado con nadie, estaba alli santificado por la magia Celestial porque DIOS estaba purificándome he instruyéndome en todo lo Celestial, fue la ora de partir, ese era el dia asignado para bajar al centro de la tierra, no tenia ni idea de lo que pasaría pero fui por mi vehículo y Dios conmigo, Dios me dirigió llevándome a las montañas las cuales no estaban tan lejos de mi casa, unos quilómetro antes de llegar al lugar marcado DIOS me ordeno que El quería manejar el vehículo porque entraríamos en un lugar muy Celestial, yo quede estupefacto porque DIOS con el gran poder Celestial no pudo controlar el vehículo tenia que hacerlo asi normal como un humano. Mi sicología no comprendía que era lo que estaba pasando, yo le sugerí a mi creador que se posesionara de mi cuerpo y que asi podía conducir el vehículo, inmediatamente DIOS entro por segunda vez en mi cuerpo y en cuestión de segundo tomo posesión del vehículo toda la carretera estaba custodiado por los Ángeles y llegando al lugar exacto Dios me ordeno que me pasara al asiento del pasajero saliéndose de mi cuerpo inmediatamente, me puso a orar 70 veces 7, y CRAON DIOS también empezó ha orar, esto me puso mas pensativo, a quién le oraba CRAON DIOS?.

El vehículo empezó a bajar Celestialmente, llevándonos a lo profundo de las aguas cristalinas una rampla de concreto puro apareció conduciéndolos hasta la entrada del templo santo hecho de puro concreto y una puerta se abrió hacia arriba de puro concreto, CRAON DIOS me había puesto adormir celestialmente para que no presenciara nada de lo que se iba ha hacer, entrando al templo santo y llegando al centro del templo yo perdí el conocimiento quedando dormido completamente. Desperté exactamente cuando el vehículo y yo íbamos retrocediendo desde el centro de la pirámide en el cual había entrado con CRAON DIOS, todo fue hecho Celestialmente, al salir del centro de la tierra lo cual estaba programado que el hijo del hombre pasaría 3 días completos en el corazon de la tierra, eso fue lo que había ocurrido y nuevamente fui confundido y la policía de la ciudad de Sydney me encerró en el hospital para recibir atención medica. No comprendía nada de esto, si yo trabajaba para mi creador y estaba cumpliendo con todo lo ordenado porque tenia que padecer mentalmente.

Todo fue hecho y las leyes fueron renovadas en el Raimbow, Heaven, Earth, Firmament, Hell, todo eso me dio una alegría infinita porque se estableció conocimiento Celestial en el Universo, hoy en el mes de febrero del 2018, fui contactado por Craon Dios y paso conmigo espiritualmente, todo tenia que ser iniciado, la Madre Tierra y CRAON DIOS estaban espiritualmente dándome ordenes, La Madre Tierra me ordeno que no anotara nada porque todo estaba siendo automáticamente ordenado Celestialmente. Fue en este tiempo que fui informado que La madre Tierra fue la que intervino todo el tiempo y fue por ello que CRAON DIOS no pudo destruirme. CRAON DIOS comprendió cuando no pudo destruirme que yo le quitaría su reinado, pero yo conociendo de todo esto le informe inmediatamente a CRAON DIOS que yo me postraba ante su presencia como un siervo obediente y que desde ese mismo instante reconocía a La Madre Tierra como la creadora de todo lo que podemos observar Espiritual, Celestial y Terrenal es por ello que inmediatamente compre un Rosario de oro para rendirle homenaje a La Madre Tierra y también tengo la Cruz con la Serpiente en honor a mi DIOS UNIGENITO CRAON.

Es claro que el 4 de febrero del 2018, el cambio de reinado, CRAON DIOS fue mandado a descansar y LA Madre Tierra toma posesión de todo lo que ella a construido. Craon Dios no esta muerto solo esta tomando sus vacaciones y en ese lapso no tiene dominio de nada mas que su descanso. Es claro y perfecto que CRAON DIOS bajo la obediencia misma que le debe a su madre Santa que es la madre y creadora de todo lo que podemos contemplar, puedo definir que   CRAON DIOS también tiene su basto poder pero LA MADRE TIERRA es la unica que contiene todo el poder y me lo a demostrado bloqueando a CRAON DIOS en todo lo que ocurrió en ese evento. Fue en ese instante que pude comprender que CRAON DIOS estaba orando para santificarse ante nuestra MADRE Tierra, y comprendí el porque no pudo destruirme, estaba bien claro que mi aparicion aqui en la Tierra es para poder aclararles a todos no solo a los humanos pero a lo Espiritual y Celestial que la destrucción de todo lo que los humanos han implantado en el Nuevo Testamento es una mal interpretación de la verdad divina y santa, yo el hijo del hombre que soy construido bajo lo Celestial puedo JURAR ante la presencia misma de mi creador que es CRAON DIOS Y LA MADRE TIERRA que todo es sujetado bajo el mismo poder que me a creado para ejercer y hacer todo bajo el entendimiento humano lo cual solo siendo humano pueden entender que la vida no puede ser destruida y todo lo que LA MADRE TIERRA Y CRAON DIOS han creado no puede ser destruida mas debe ser sujetada bajo el control Celestial.

No les estoy hablando como un ser humano supernatural, yo he tenido que ser creado para hacer todo lo ordenado por CRAON DIOS Y LA MADRE TIERRA para el beneficio de todo lo que podemos contemplar dentro de lo material, Espiritual y Celestial. Se que no tengo poderes aqui en la Tierra solo lo que he padecido y ordenado ha hacer para que todo lo que existe pueda seguir fuera de peligro ya que el nuevo Sol es implantado y el viejo Sol ha sido destruido por mis manos en unión con el poder Celestial de CRAON DIOS Y LA MADRE TIERRA, he hecho todo esto de mi libre conocimiento y todo queda documentado y legalizado bajo el poder que me sostiene. Tengo en mi posesión el libro de la vida con los 7 Sellos estampados por mi creador CRAON DIOS, tengo las firmas de :CRAON DIOS, ELIJAH JOHN DE BAPTIST Y DE EMMANUEL y las dos tabletas en las cuales estan grabados todos los COVENANTS, LOS DOS MANDAMIENTOS Y EL TESTAMENTO autorizado por CRAON DIOS.

DECLARATION

[english]

I want to declare to you that I am nothing more than a sign here on earth, as a sacrifice created from the beginning of the origin, not recognizing mother earth as the creator of everything that is presented to the same creation, I must be that from my birth everything has been derived from the truth to which I belong. I was taught from my birth to respect my creator in the Catholic way, so I was taught and I had continued with this concrete vision even though in my youth I had discovered the curiosity to seek the concrete formation of this mystery. My simplicity before the same creation was developed under the mystery that I would later understand as the truth of everything that exists, my creation and formation is an exact example of the creation itself to which I am part, looking for my creator I focus to look that reality, experience in my life mysterious things confronting them without understanding them but having in mind everything that happened which would be scrutinizing before the same life.

My childhood was humble and for everything that happened in my life I communicated it to my creator, feeling in my heart something that controlled me spiritually, I faced the truth and everything started within that spiritual magic, the presence of Elijah John De Baptist was possible, I was anointed as the king of the Mayans, something phenomenal that gave me a deep privilege to recognize and be touched by the holy prophet of the only begotten GOD.

But the truth that God himself began to shape me and polish me in the Celestial, of course all this was perfect something I could not understand in my life, God whispered in my ears what I had to do, I obediently continued his orders, Spirits appeared to give me experience and guidance to understand that invisible that exists.

God made me present every time I had to execute a mission, it is clear that with all this had to be done in the time stipulated by his holy power, what I did not understand is that when I fulfilled the mission I always ended upset by direct power of God, I could not assimilate this error, God wanted to destroy me, not understanding what was the reason if I had done what was ordered, I could not understand why he could not destroy me.

On December 3, 2003 I had a full week of sharing with God in my apartment, I had not eaten and no communication with anyone, I was sanctified there by the Celestial magic because GOD was purifying me and I was instructing myself in everything Celestial, it was the time to leave, that was the assigned day to descend to the center of the earth, I had no idea what would happen but I went for my vehicle and God with me, God directed me to take me to the mountains which were not so far from my house, a few kilometres before arriving at the place marked, GOD ordered me that He wanted to drive the vehicle because we would enter a very Heavenly place, I was stupefied because GOD with the great Celestial power could not control the vehicle had to do it as normal as a human. My psychology did not understand what was happening, I suggested to my creator that he take possession of my body and that thus the vehicle could drive, immediately GOD entered a second time in my body and in a matter of second took possession of the entire vehicle the road was guarded by the Angels and arriving at the exact place God ordered me to pass to the passenger seat leaving my body immediately, I began to pray 70 times 7, and CRAON GOD also began to pray, this made me more thoughtful, to whom did CRAON GOD pray?

The vehicle began to descend Celestially, taking us to the depths of the crystalline waters a platform of pure concrete appeared leading them to the entrance of the holy temple made of pure concrete and a door opened up of pure concrete, CRAON GOD had put me to sleep celestially so that I did not see anything of what was going to be done, entering the holy temple and arriving at the center of the temple I lost consciousness falling asleep completely. I woke up exactly when the vehicle and I were going back from the center of the pyramid in which I had entered with CRAON GOD, everything was done Celestially, when leaving the center of the earth which was programmed that the Son Of Man would spend 3 full days in the heart of the earth, that was what had happened and again I was confused and the police of the city of Sydney locked me in the hospital to receive medical attention. I did not understand any of this, if I worked for my creator and was fulfilling everything ordered why I had to suffer mentally.

Everything was done and the laws were renewed in the Raimbow, Heaven, Earth, Firmament, Hell, all that gave me an infinite joy because Celestial knowledge was established in the Universe, today in the month of February 2018, I was contacted by Craon God and step with me spiritually, everything had to be initiated, Mother Earth and CRAON GOD were spiritually giving me orders, Mother Earth ordered me not to write anything because everything was being automatically ordered Celestially. It was at this time that I was informed that Mother Earth was the one who intervened all the time and that is why CRAON GOD could not destroy me. CRAON GOD understood when he could not destroy me that I would take away his reign, but knowing all this I immediately informed CRAON GOD that I prostrated before his presence as an obedient servant and that from that moment I recognized Mother Earth as the Creator of all that we can observe Spiritual, Celestial and Earthly, that is why I immediately buy a Golden Rosary to pay homage to Mother Earth and also have the Cross with the Serpent in honour of my only begotten CRAON GOD

It is clear that on February 4, 2018, the change of reign, CRAON GOD was sent to rest and The Mother Earth takes possession of everything she has built. Craon God is not dead just taking his vacation and in that time he has no control over anything other than His rest. It is clear and perfect that CRAON GOD under the same obedience that owes his holy Mother who is the mother and creator of everything we can contemplate, I can define that CRAON

GOD also has its vast power but MOTHER EARTH is the only one that contains All the power and She showed it blocking CRAON GOD in everything that happened in that event. It was at that moment that I could understand that CRAON GOD was praying to sanctify himself before our MOTHER Earth, and I understood why he could not destroy me, it was very clear that my appearance here on Earth is to be able to clarify to all not only the humans but Spiritual and Celestial that the destruction of everything that humans have implanted in the New Testament is a misinterpretation of the divine and holy truth, I the son of man that I am built under the Celestial I can SWEAR in the presence of my creator that is CRAON GOD AND THE MOTHER EARTH that everything is held under the same power that created me to exercise and do everything under human understanding which only being human can understand that life can not be destroyed and everything that MOTHER EARTH AND CRAON GOD have created can not be destroyed but must be held under Celestial control.

I am not speaking to you as a supernatural human being, I have had to be created to do everything ordered by CRAON GOD AND THE MOTHER EARTH for the benefit of all that we can contemplate within the material, Spiritual and Celestial. I know I have no powers here on Earth only what I have suffered and ordered to do so that everything that exists can remain out of danger since the new Sun is implanted and the old Sun has been destroyed by my hands in union with the Celestial power of CRAON GOD AND MOTHER EARTH, I have done all this of my free knowledge and everything is documented and legalized under the power that sustains me. I have in my possession the book of life with the 7 Seals stamped by my creator CRAON GOD, I have the signatures of: CRAON GOD, ELIJAH JOHN OF BAPTIST AND EMMANUEL and the two tablets on which are recorded all the COVENANTS, THE TWO COMMANDMENTS AND THE TESTAMENT authorized by CRAON GOD.

FIRMAMENT12

2 SAMUEL 7:12-:17

RAM

AUSTRALIA

1 CHRONICLES 17:11-:15

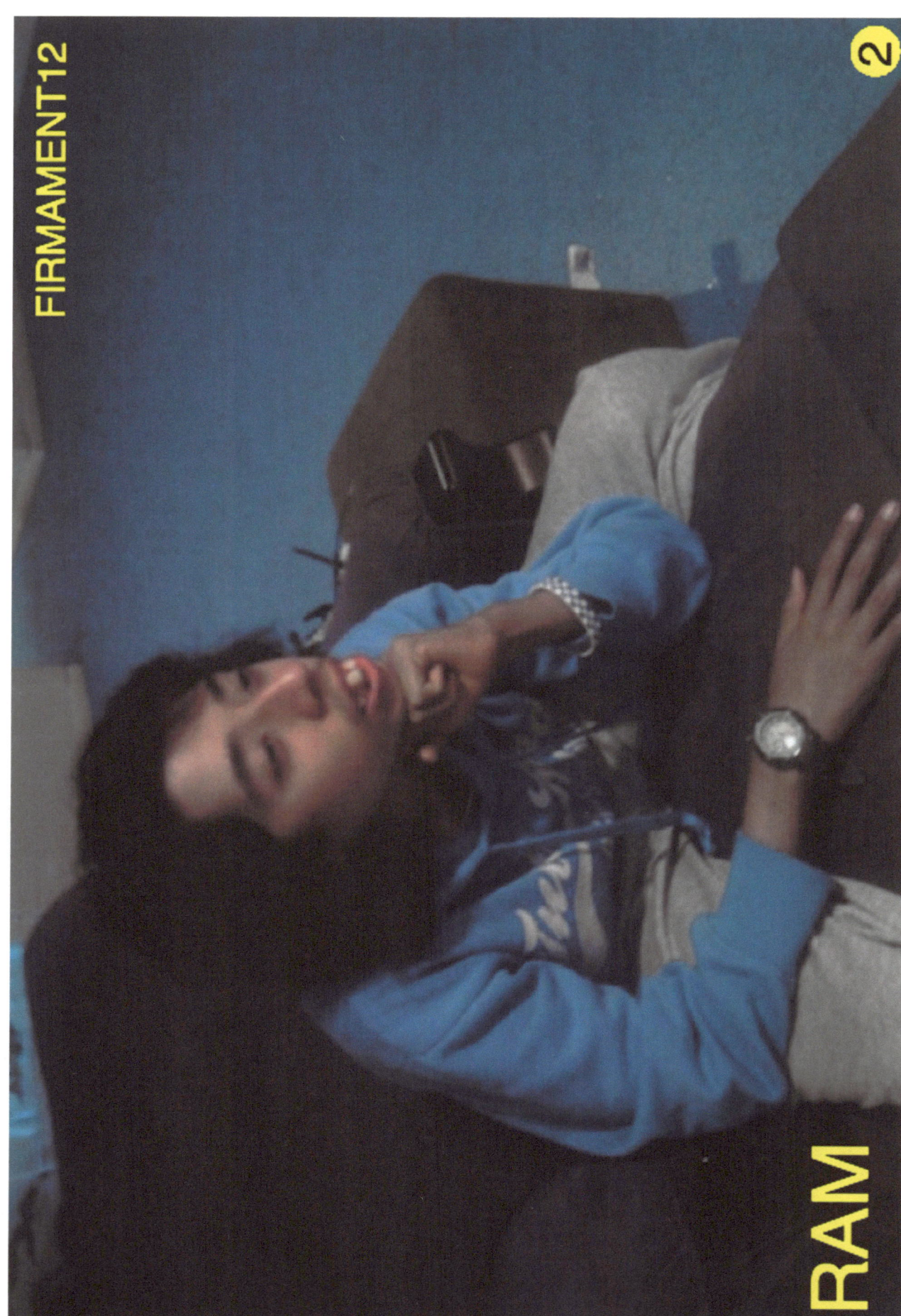

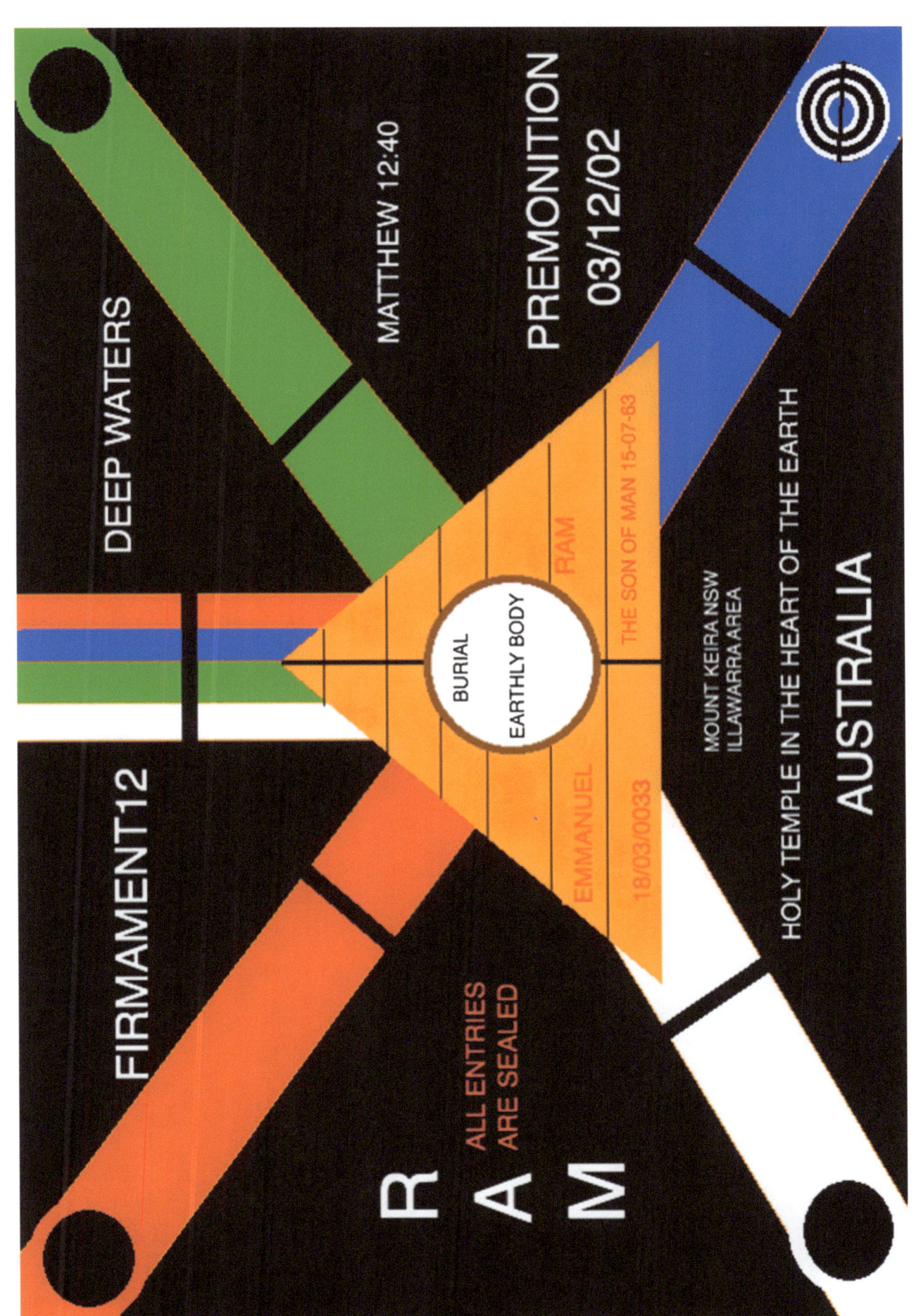

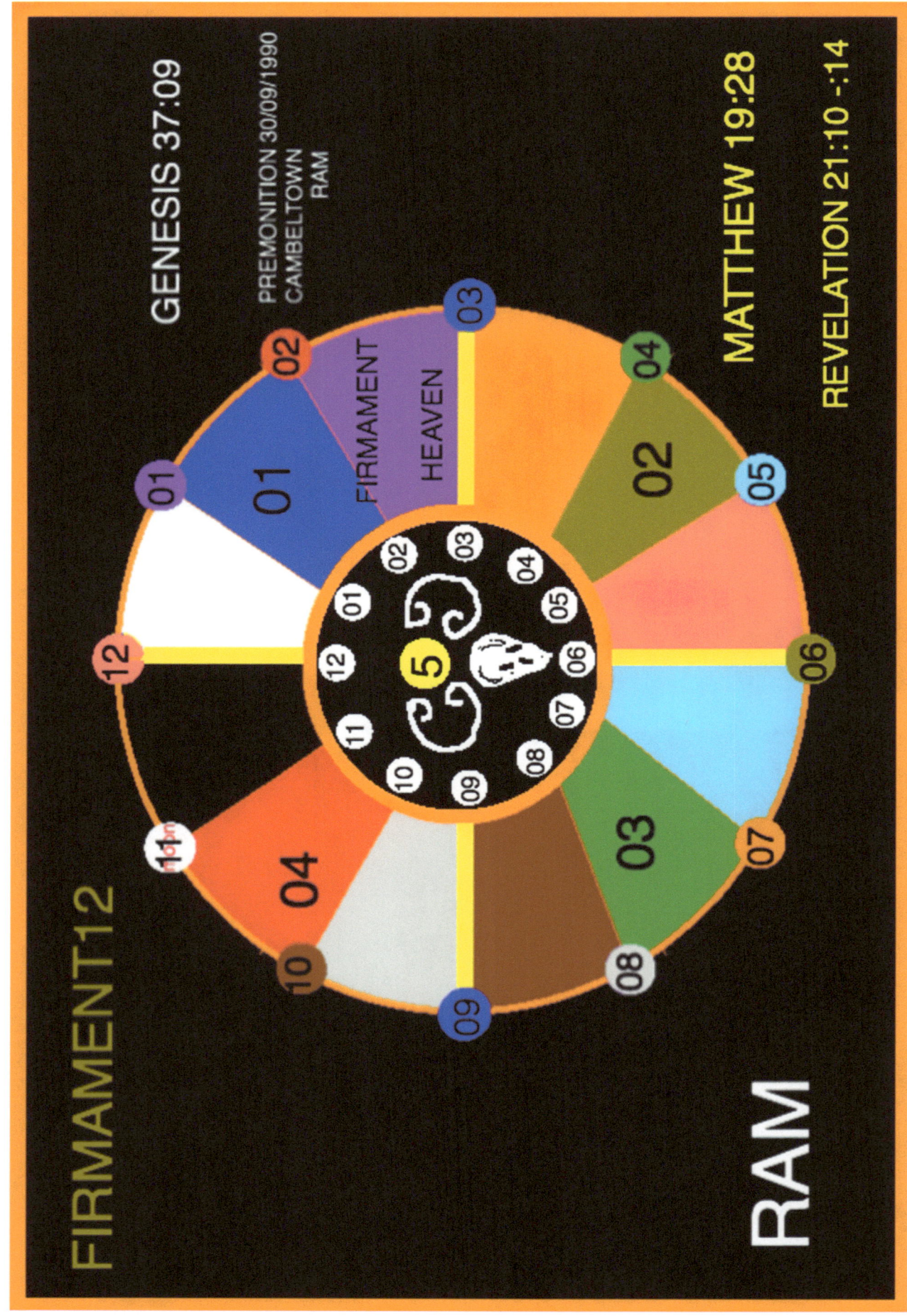

FIRMAMENT12

THE BIG BIRD MY GRANDFATHER TOLD MY FATHER THAT ONE OF HIS DESCENDANT WIL BE PICK UP BY THIS BIG BIRD.

THE LIVING GOD WITH EMMANUEL & THE HOLY SPIRIT SEND FOR ME THE KING OF THE 12 TRIBES OF THE MAYAS.

2 PREMONITION

RAM

BOEIN 747-400

QANTAS

THE SON OF MAN AS KING

MATTHEW 16:28

FIRMAMENT12

RAM

DEUTERONOMY 12:01

REVELATION 21:11

FIRMAMENT12

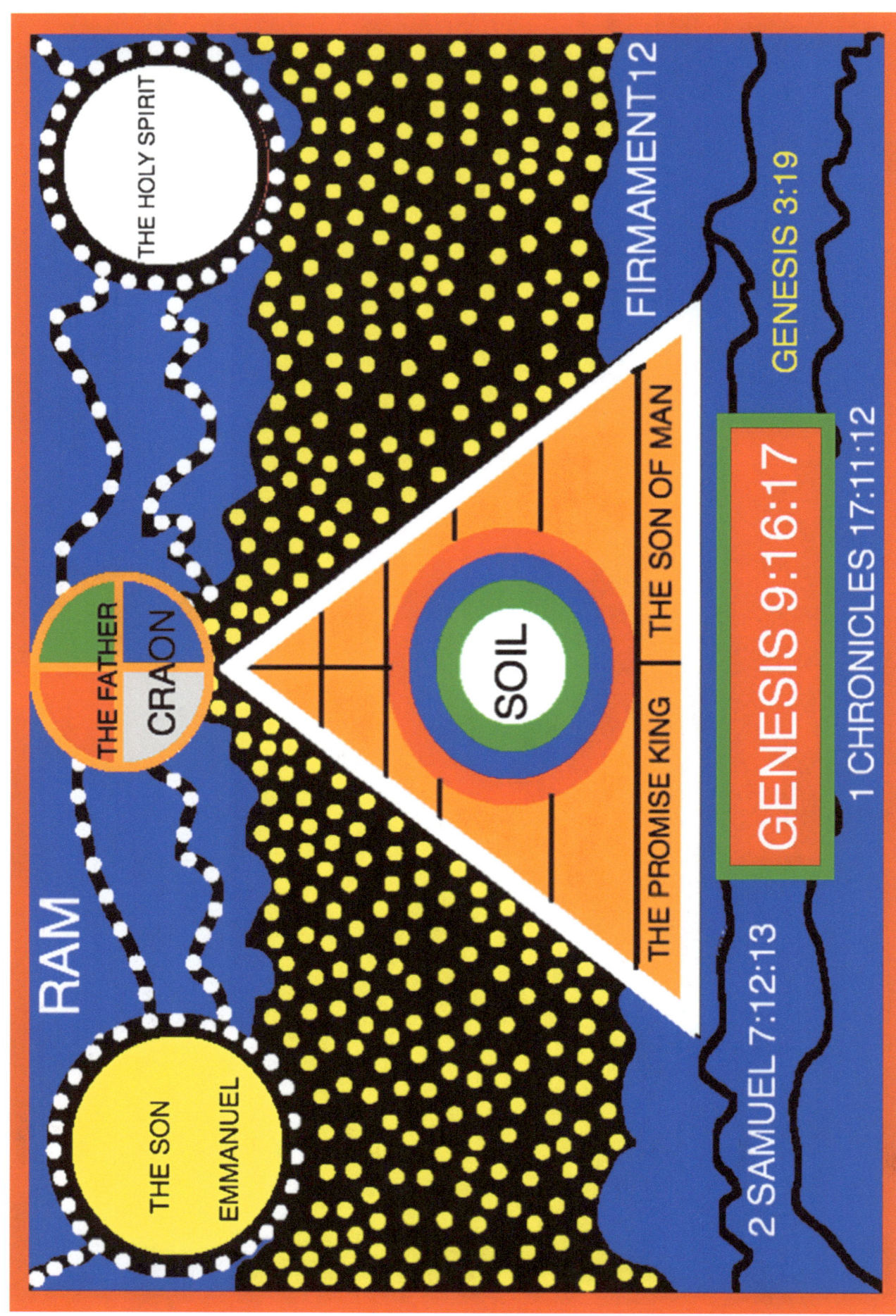

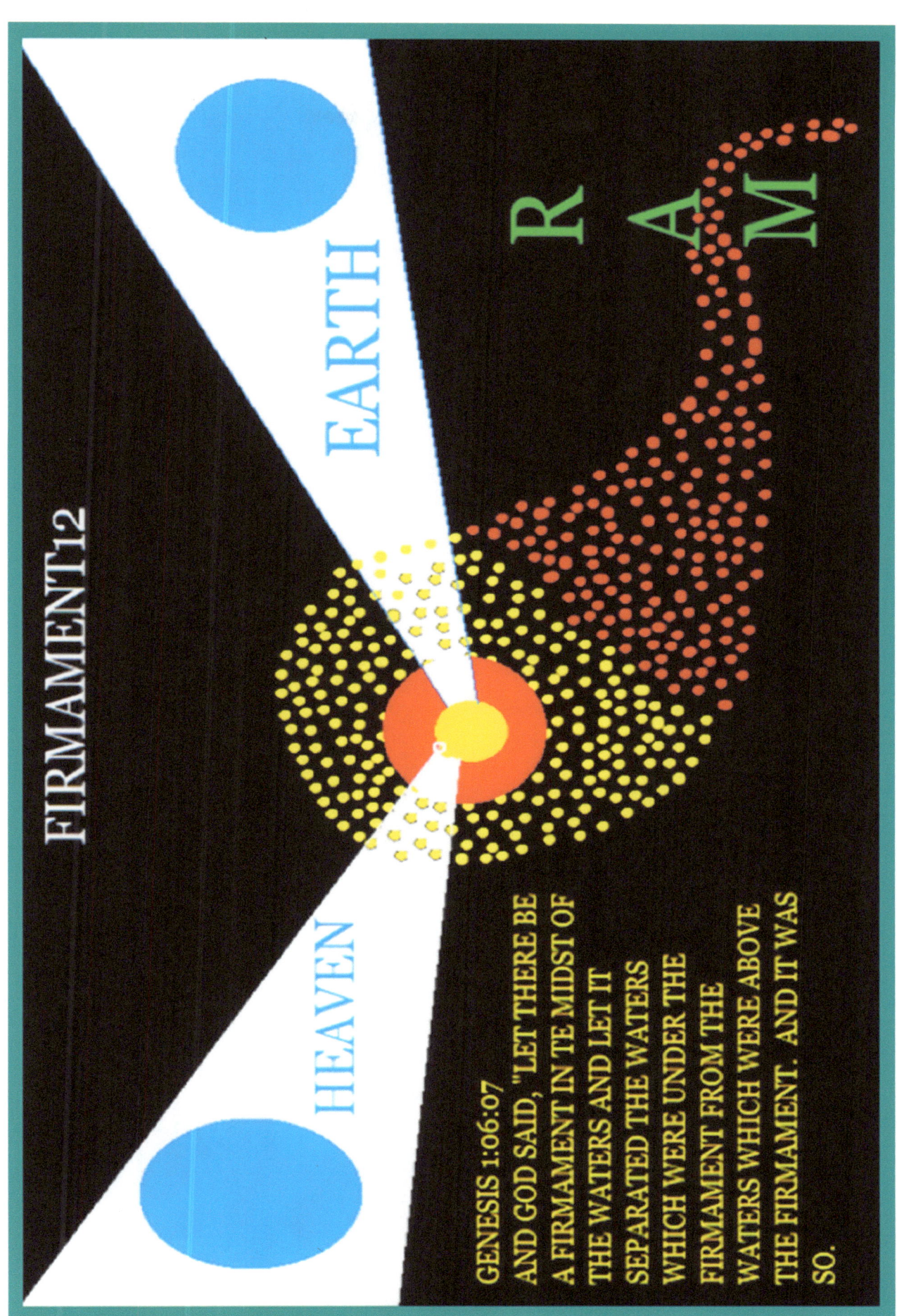

FIRMAMENT12

EARTH

HEAVEN

R A M

GENESIS 1:06:07 AND GOD SAID, "LET THERE BE A FIRMAMENT IN TE MIDST OF THE WATERS AND LET IT SEPARATED THE WATERS WHICH WERE UNDER THE FIRMAMENT FROM THE WATERS WHICH WERE ABOVE THE FIRMAMENT. AND IT WAS SO.

FIRMAMENT12

THERE IS NO GOD BUT ME CRAON

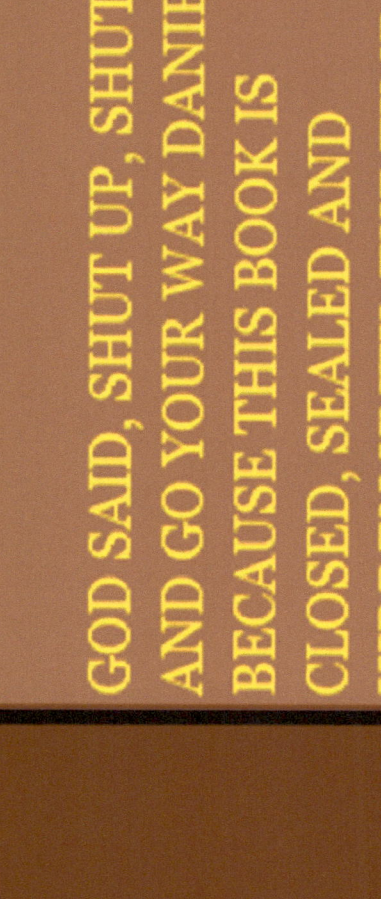

GOD SAID, SHUT UP, SHUT UP, AND GO YOUR WAY DANIEL, BECAUSE THIS BOOK IS CLOSED, SEALED AND HIDDEN UNTIL THE TIME OF THE END 18-06-2001......

RAM

THE HOLY

CRAON

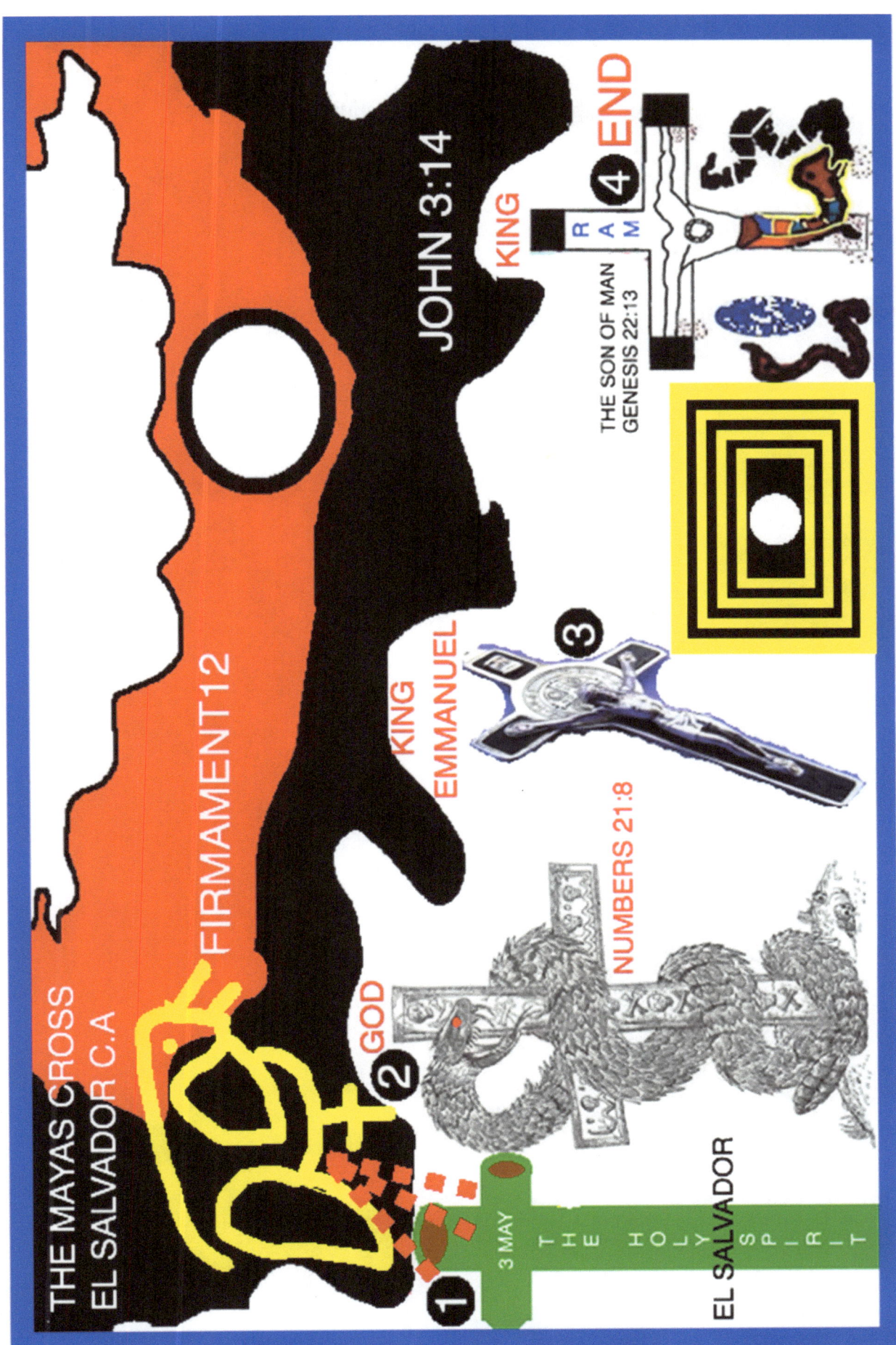

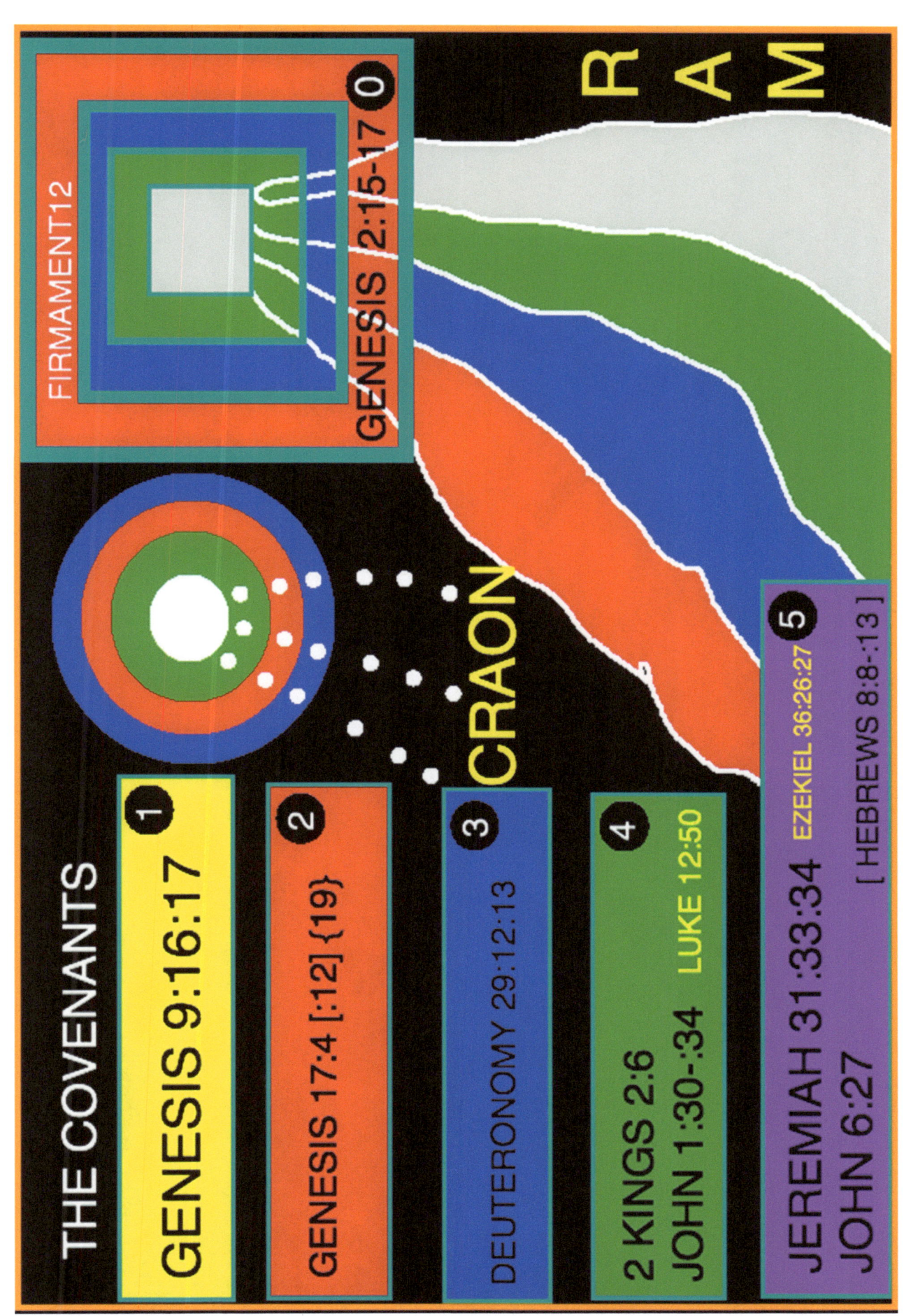

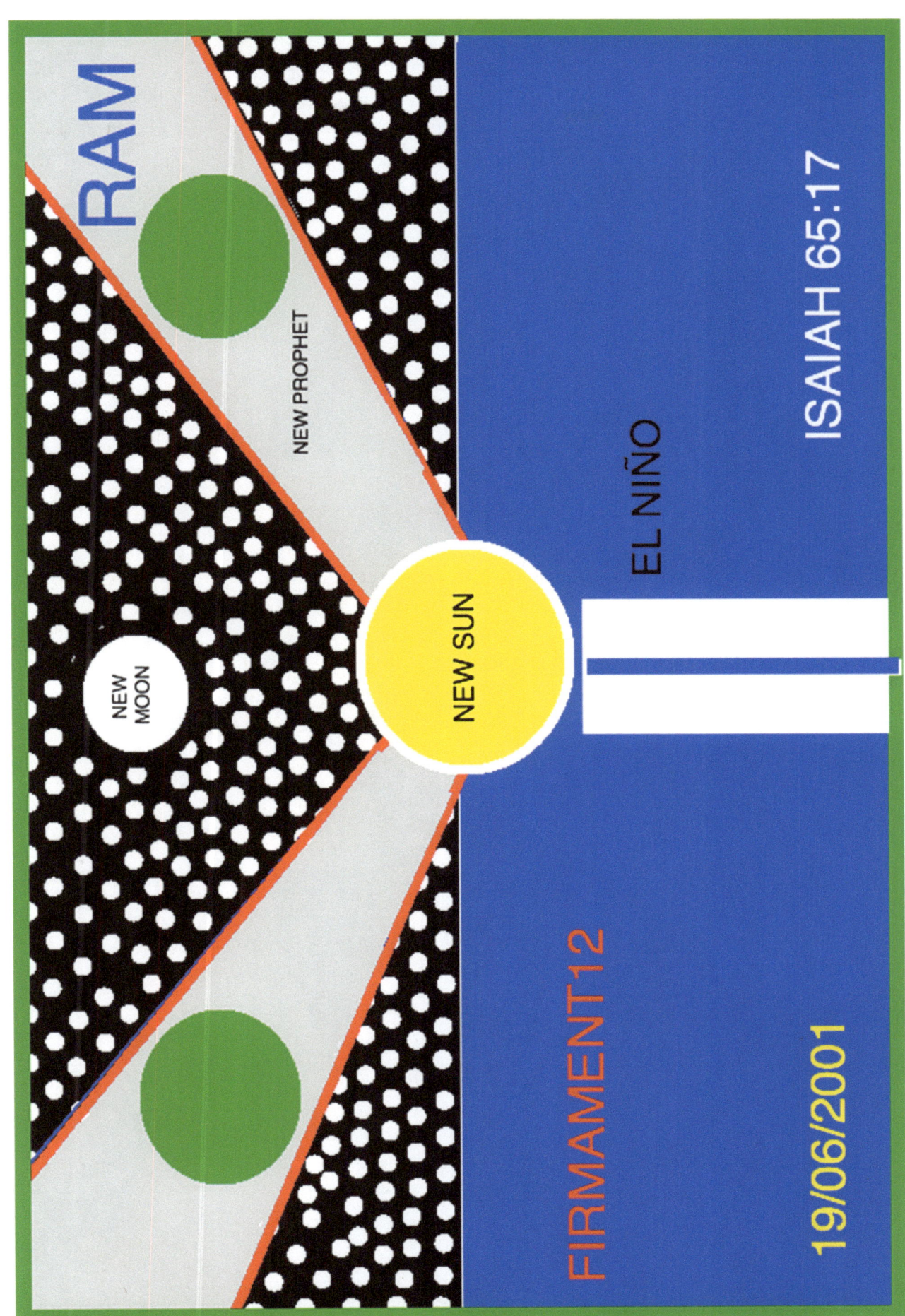

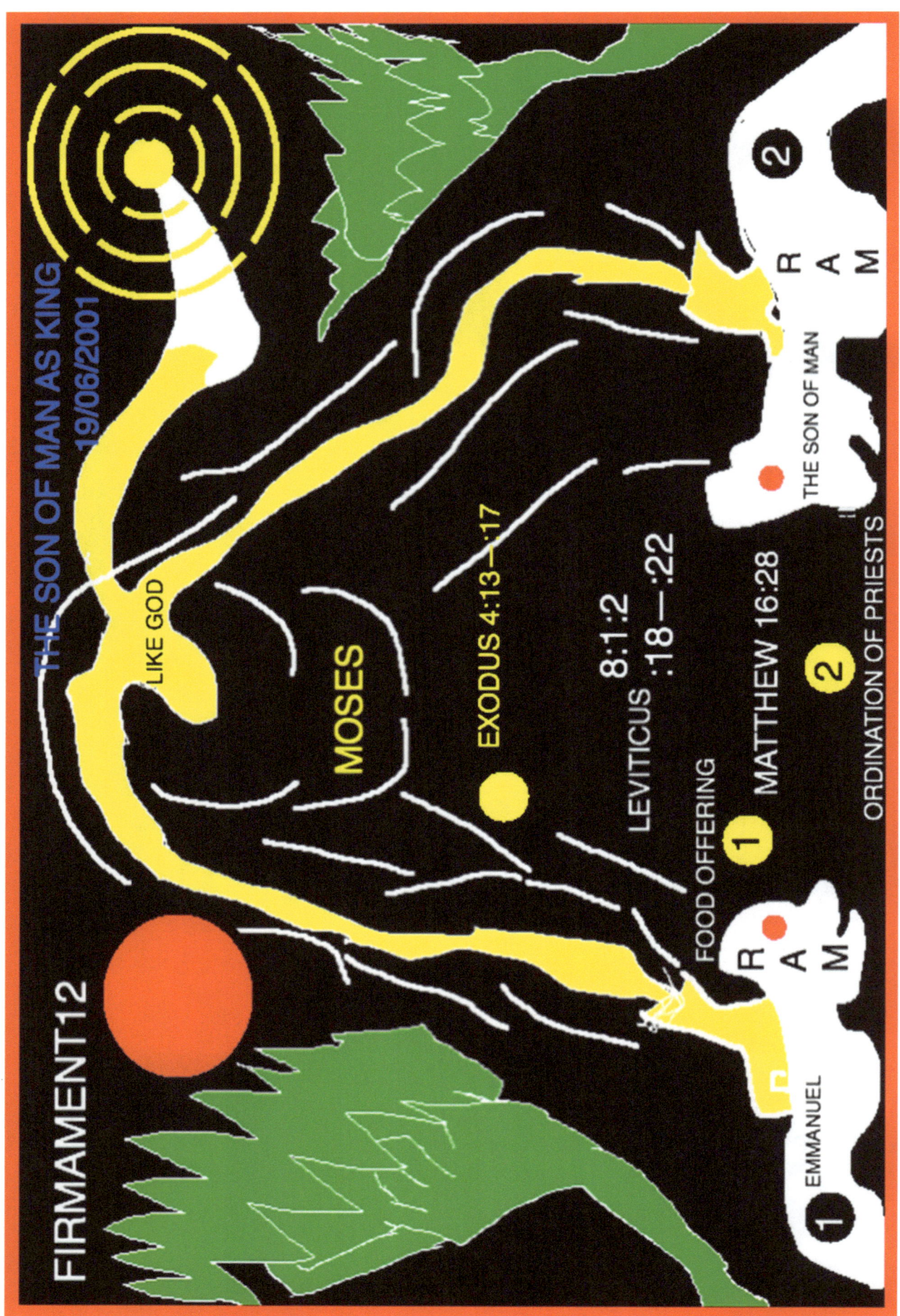

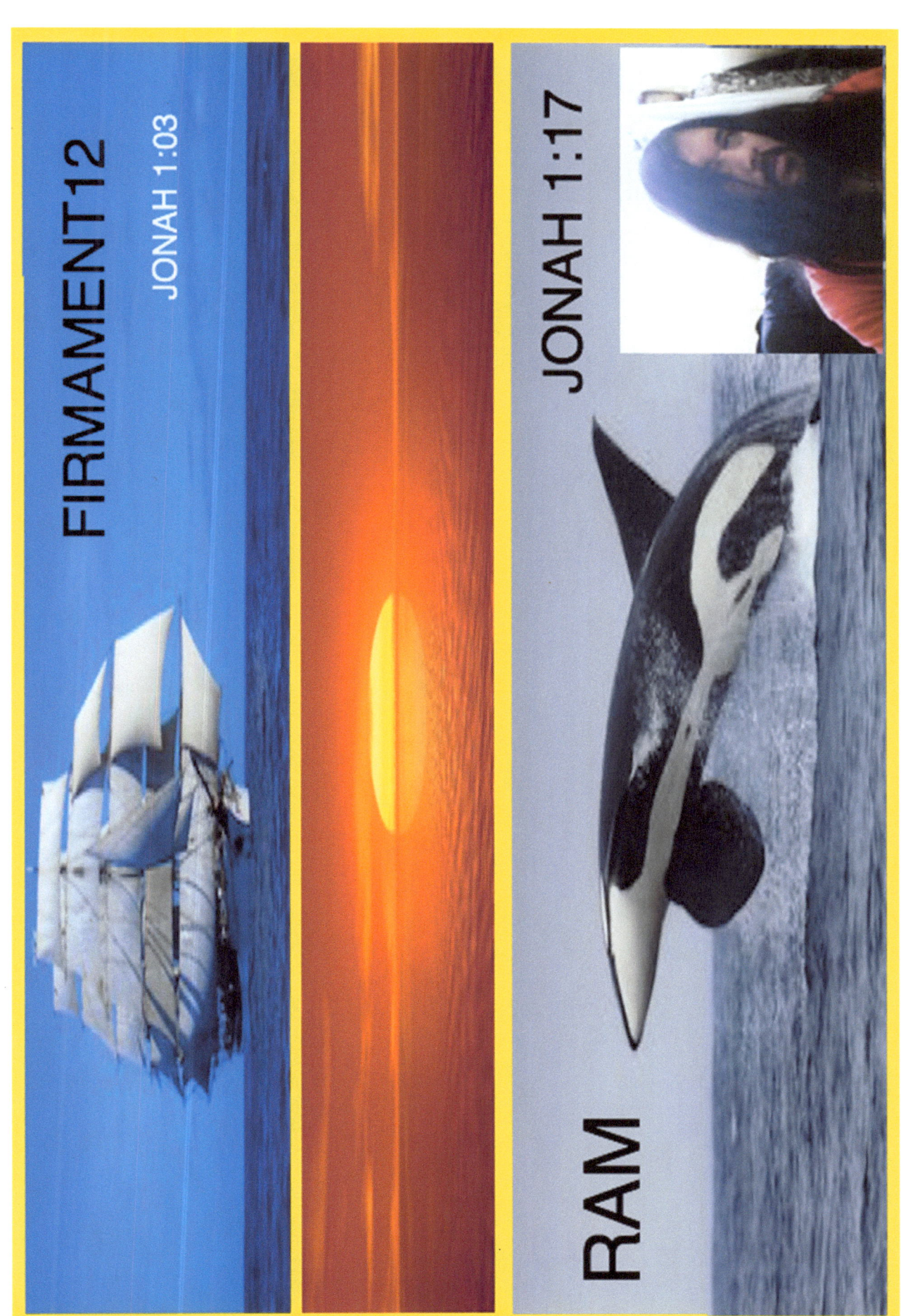

FIRMAMENT12

JONAH 1:03

JONAH 1:17

RAM

RAM

FIRMAMENT12

PROMISE LAND
AUSTRALIA

GENESIS 50:24—:26

FIRMAMENT 12

ISAIAH 44:6

THE LAMB

GENESIS 22:2

LEVITICUS 8:01;:02
" 8:18;:22

RAM

JESUS
-18/06/0001
END +18/06/2,002

FIRMAMENT 12
THE LAMB
CRAON
SPIRIT
THE RAM

THE RAM

GENESIS 22:13

FIRMAMENT12

2 KINGS 2:06

RAM

ISAIAH 7:14

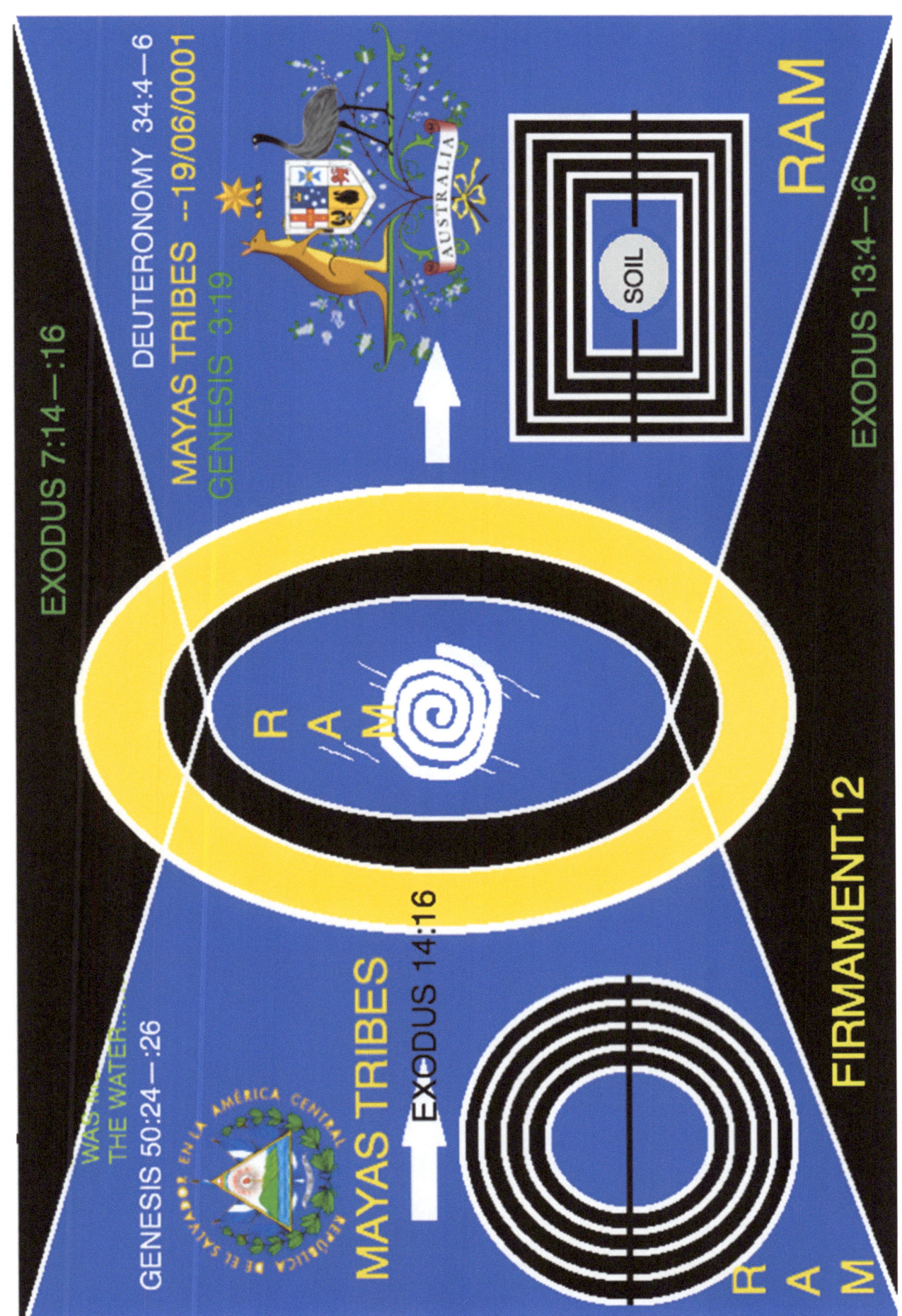

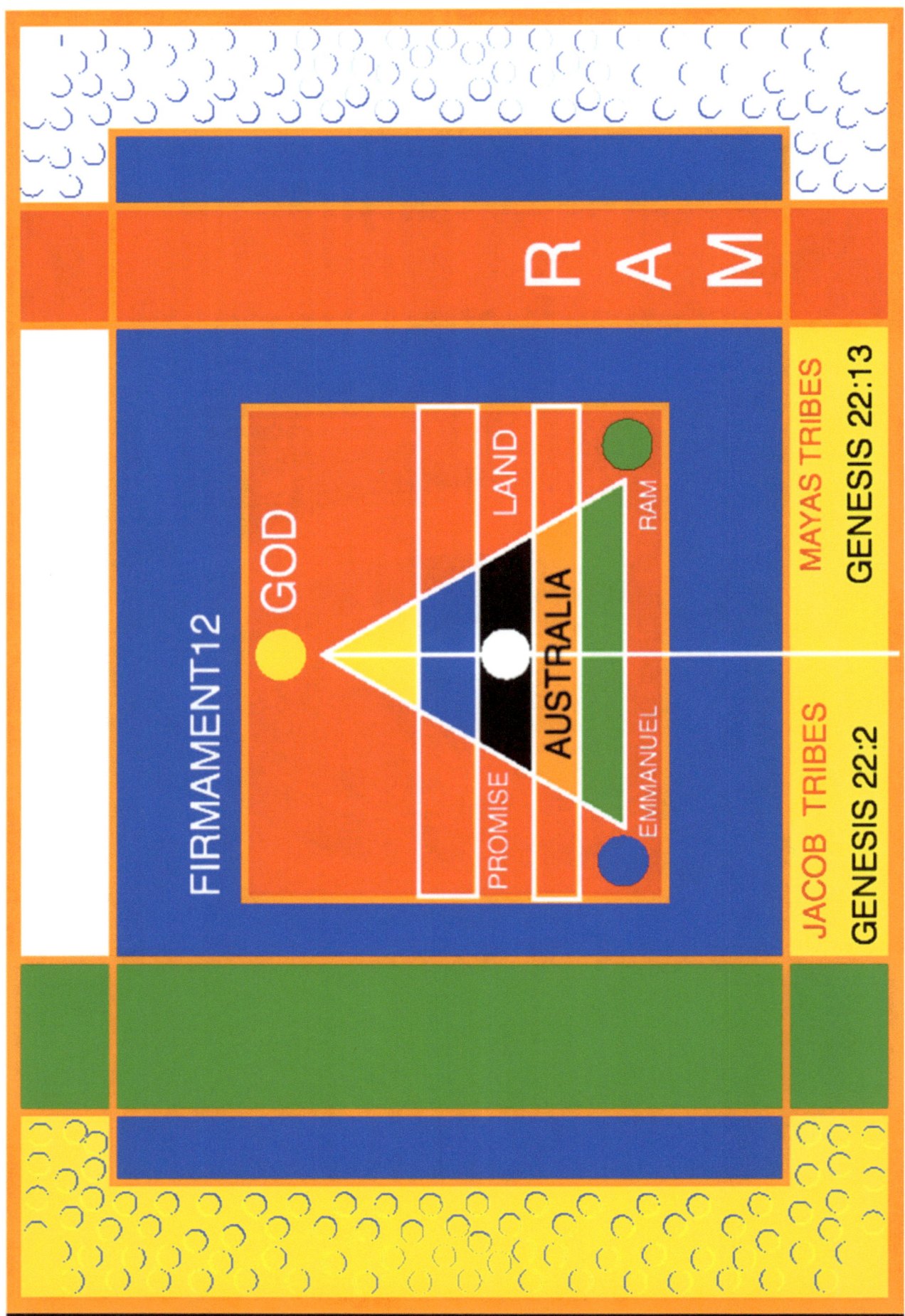

FIRMAMENT12

GOD

RAM

LAND

PROMISE

AUSTRALIA

EMMANUEL

RAM

MAYAS TRIBES
GENESIS 22:13

JACOB TRIBES
GENESIS 22:2

51

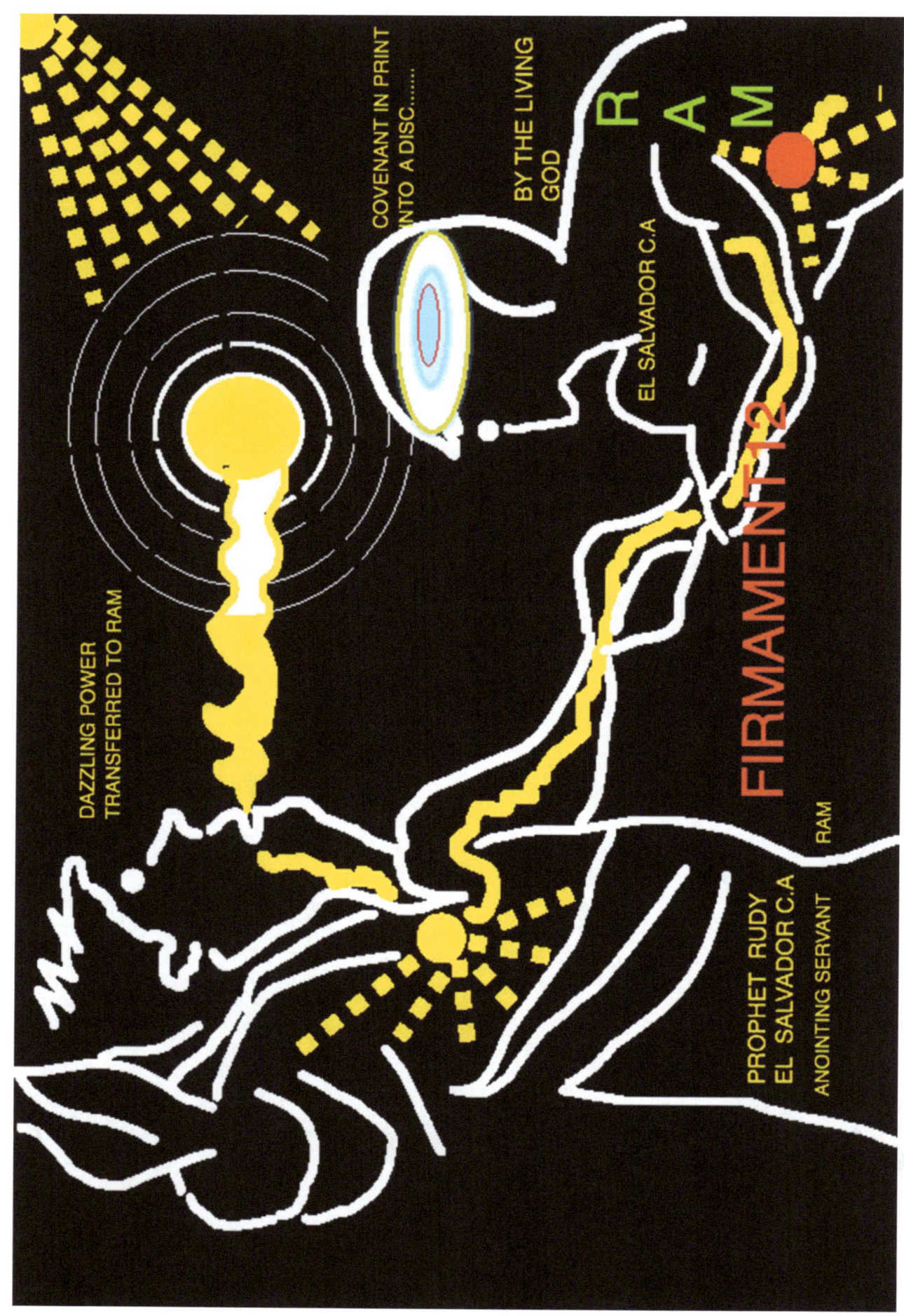

COVENANT IN PRINT
INTO A DISC........

BY THE LIVING GOD

R
A
M
I

EL SALVADOR C.A

DAZZLING POWER
TRANSFERRED TO RAM

FIRMAMENT 12

PROPHET RUDY
EL SALVADOR C.A
ANOINTING SERVANT

RAM

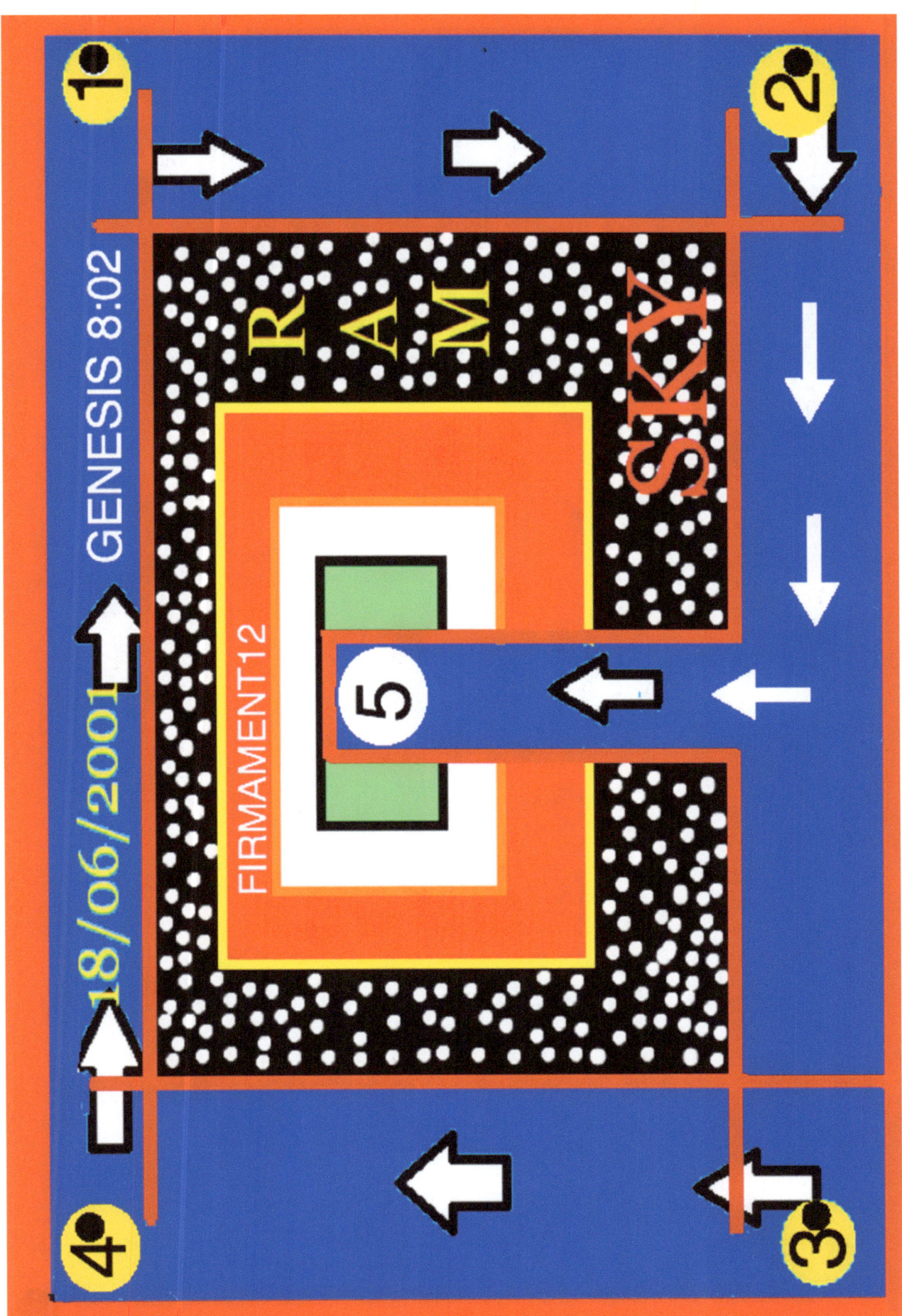

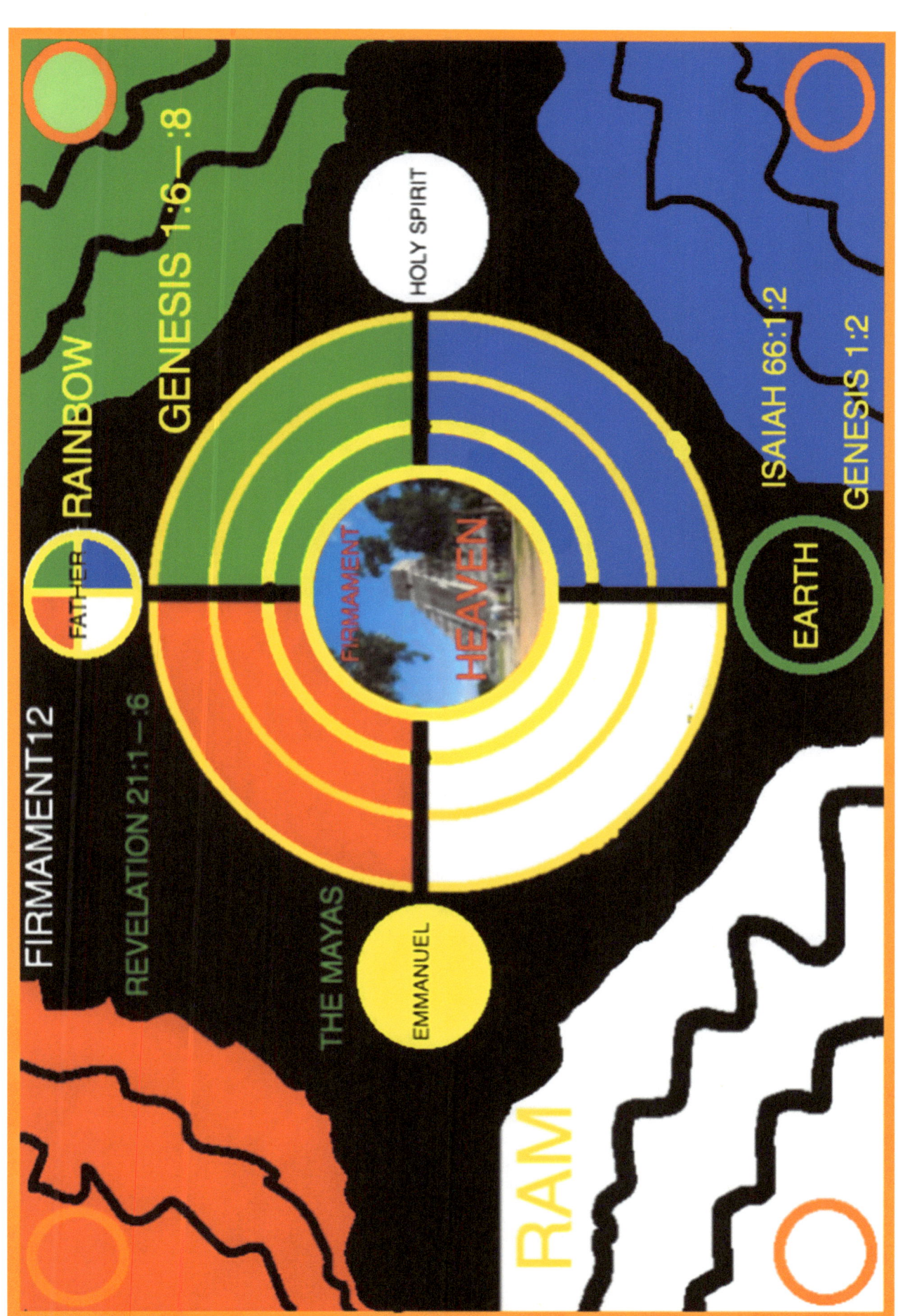

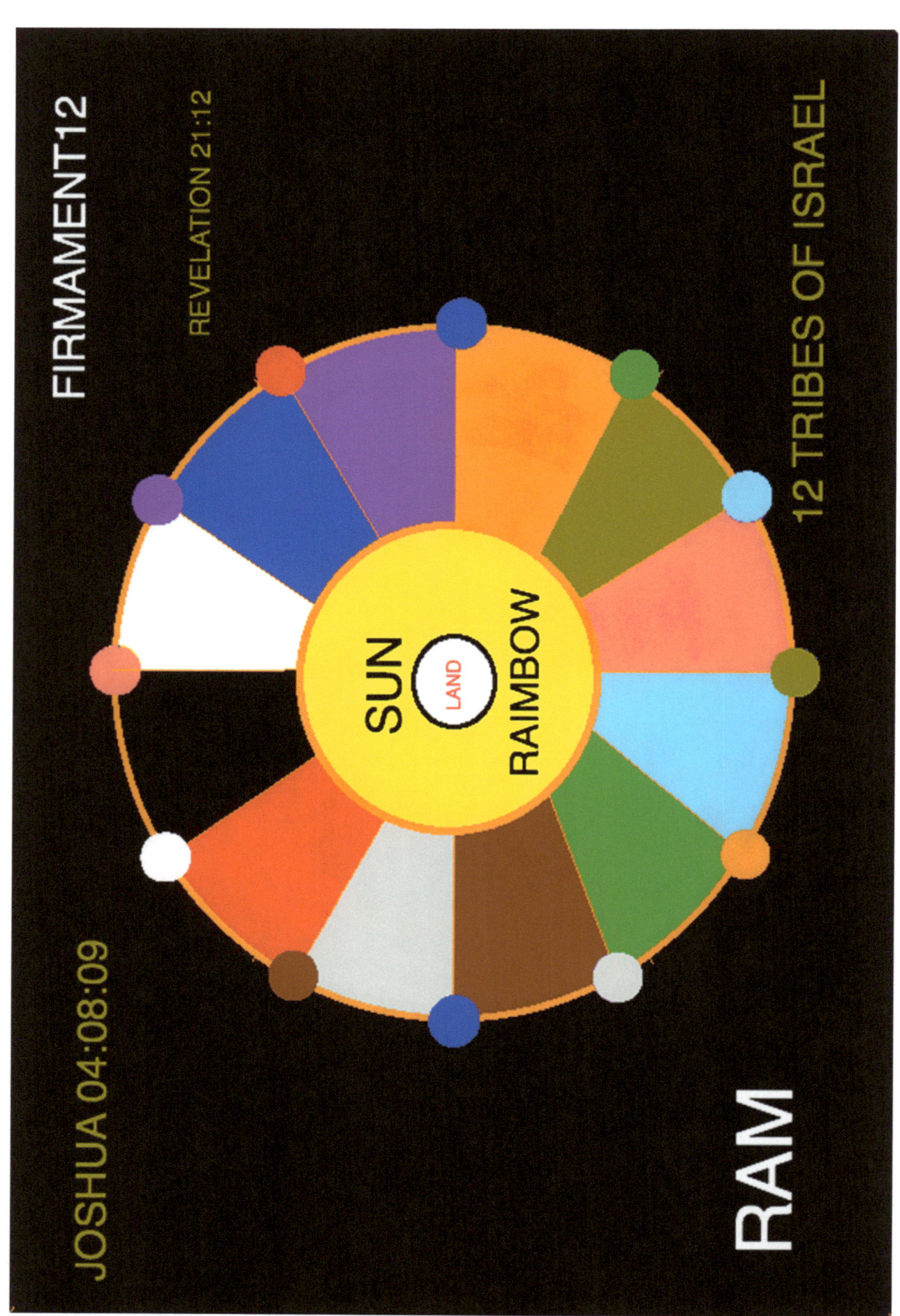

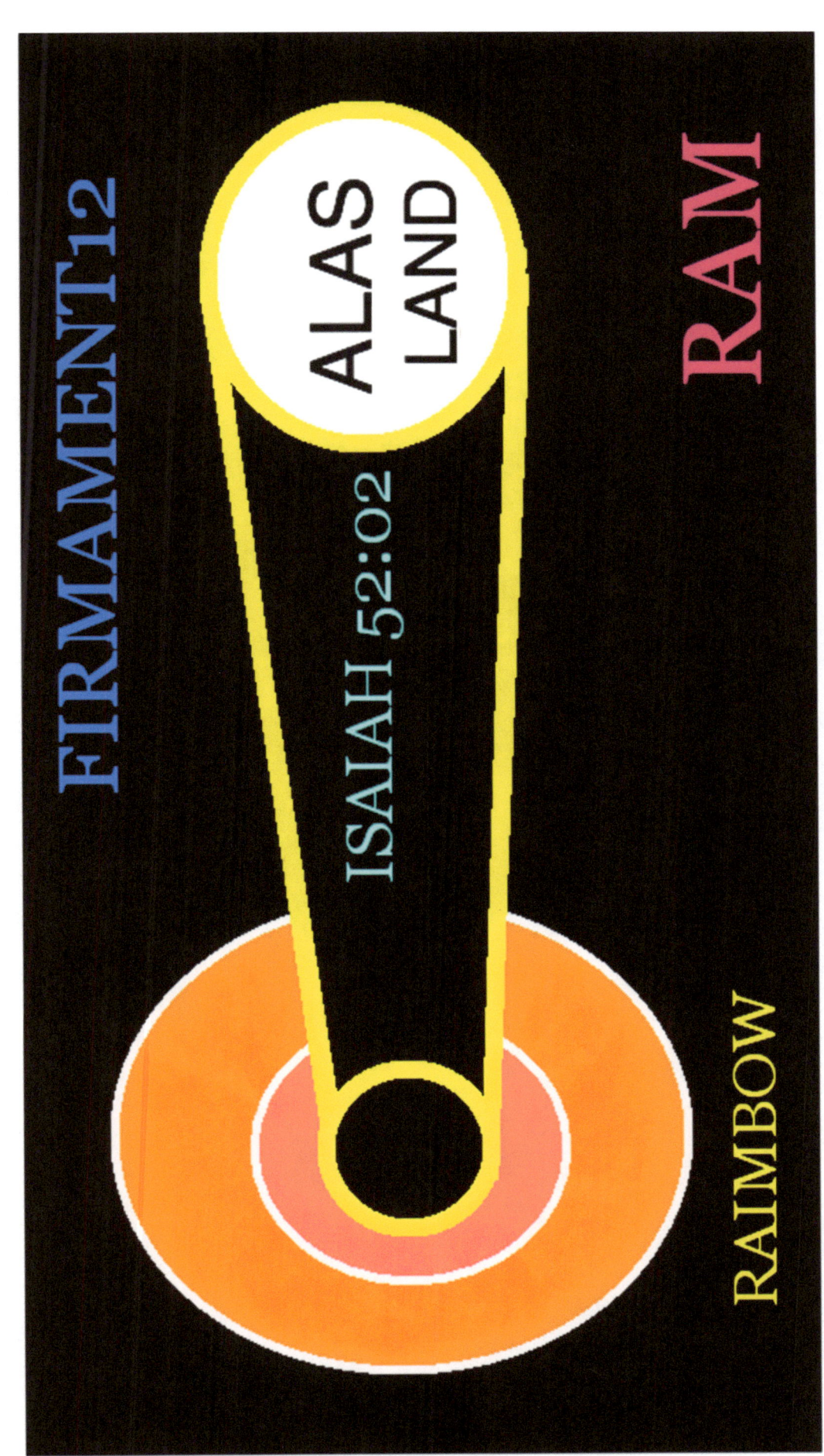

FIRMAMENT12

RAM

ISAIAH 52:02

ALAS LAND

RAIMBOW

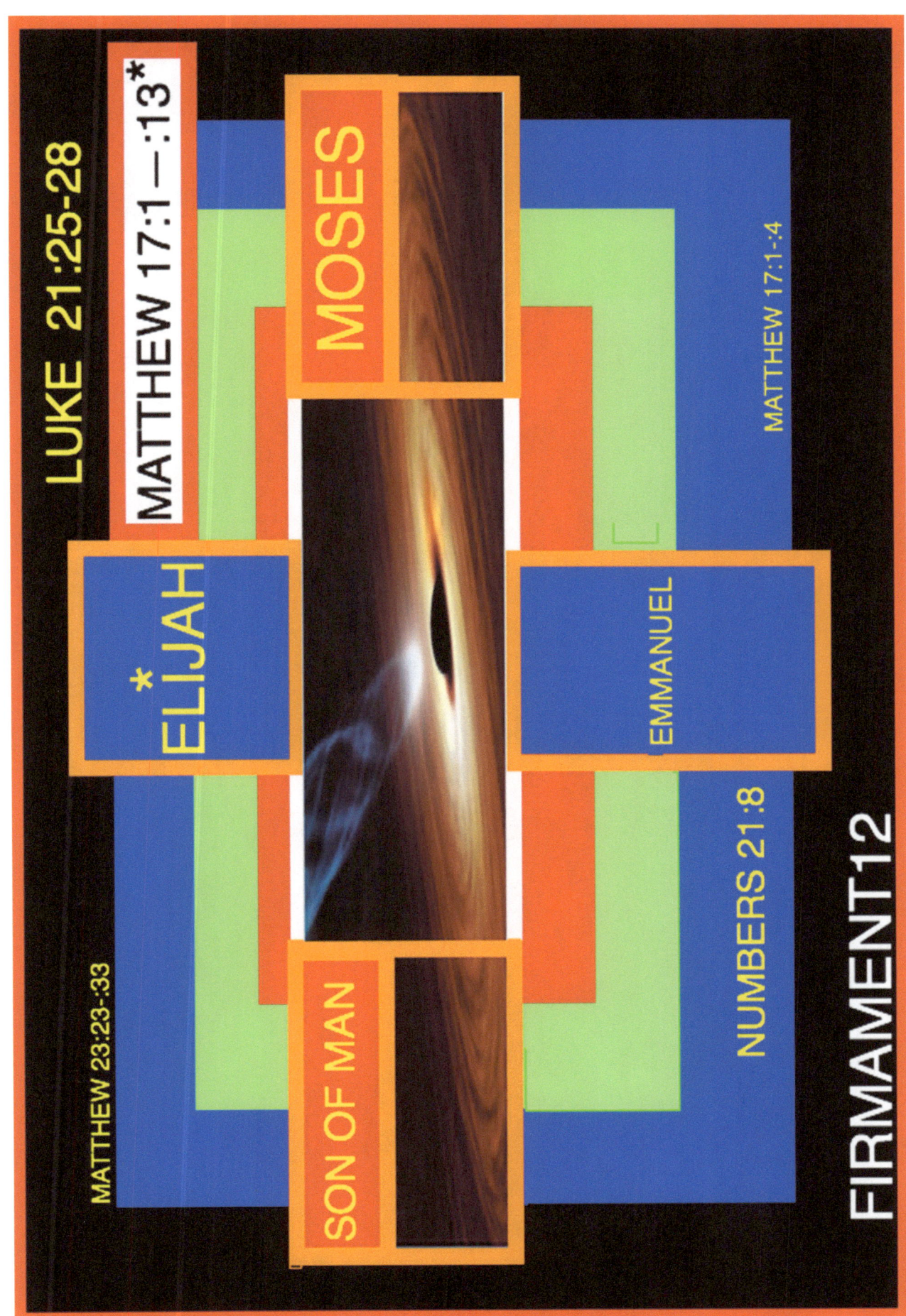

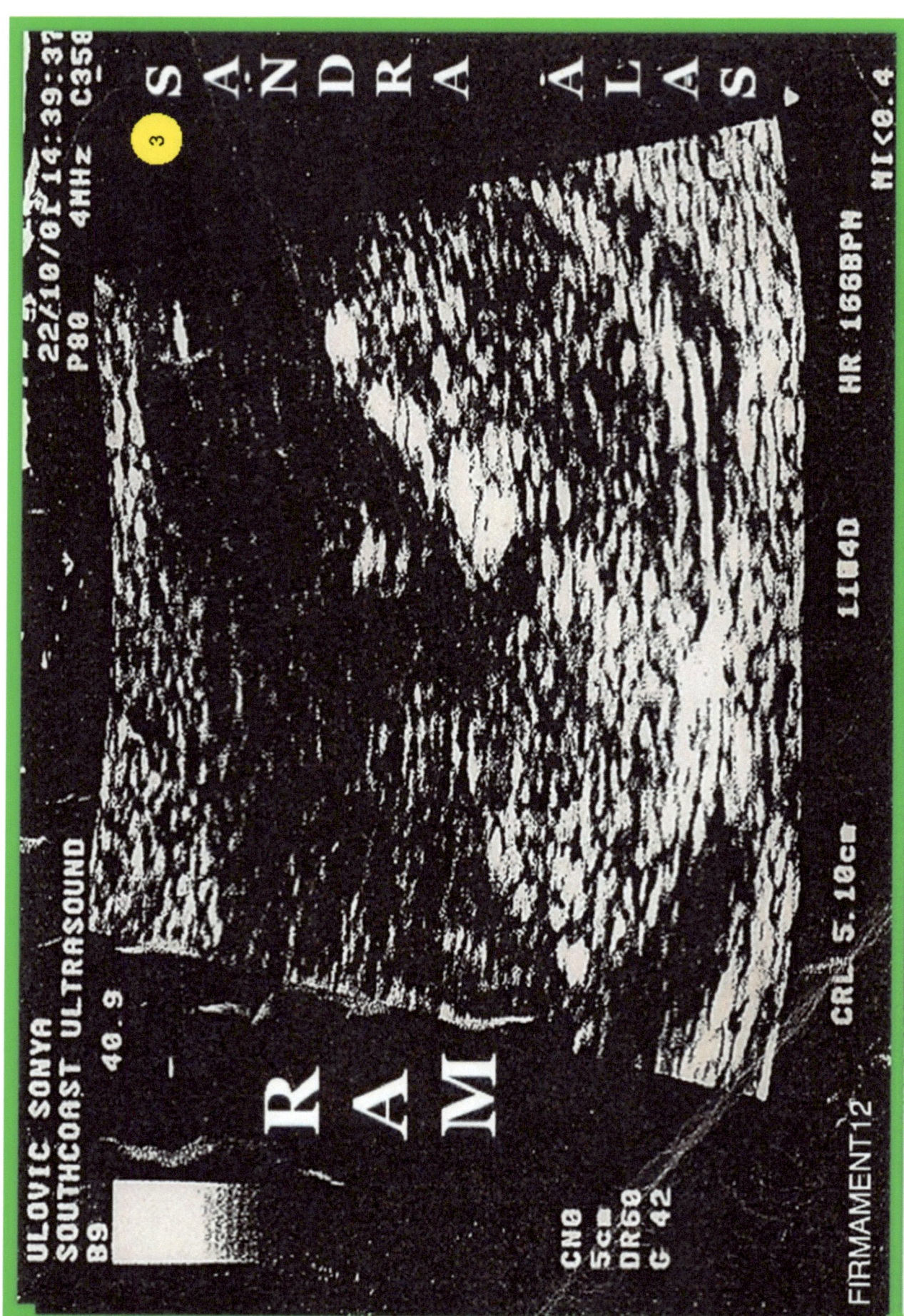

R
A
M

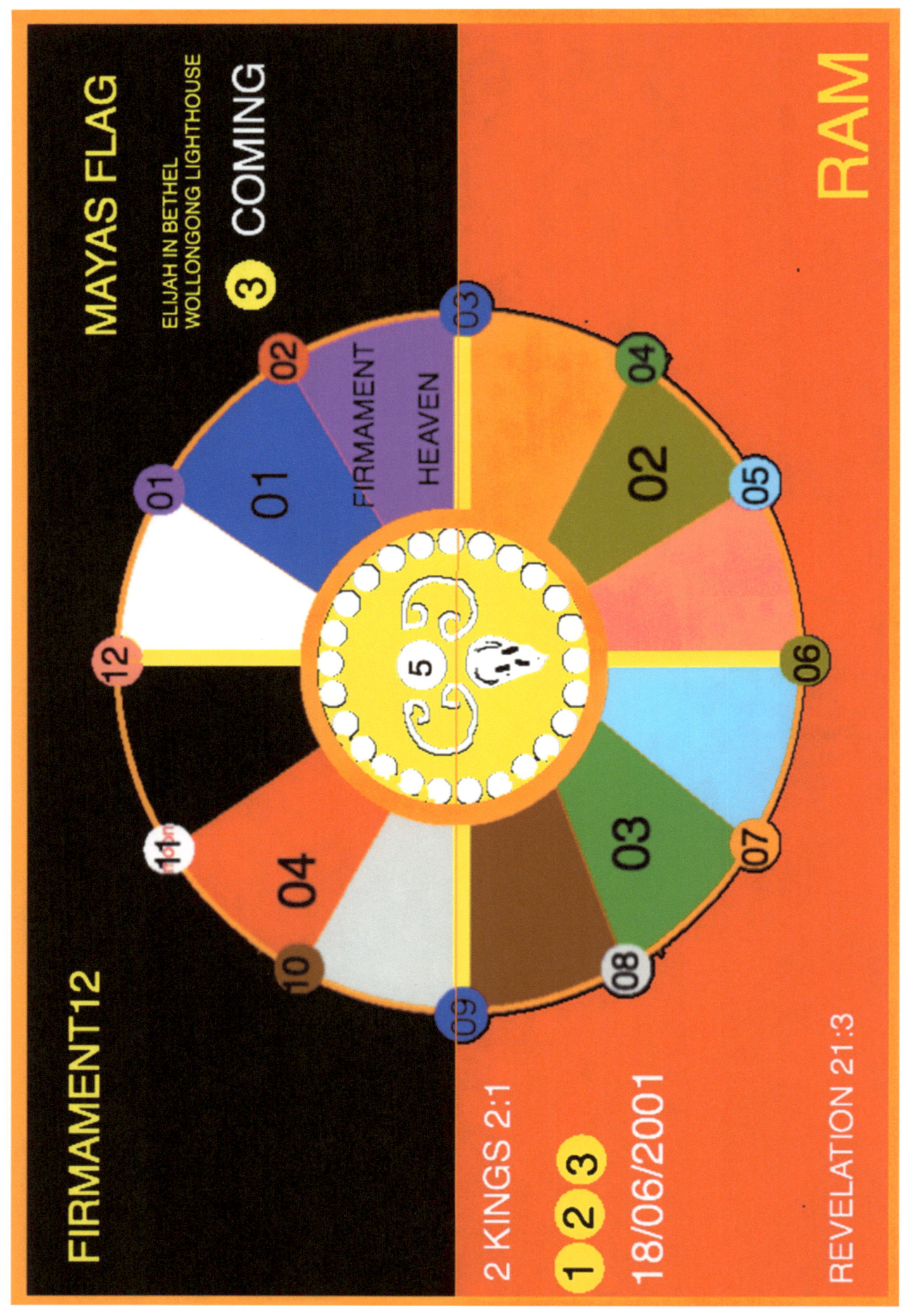

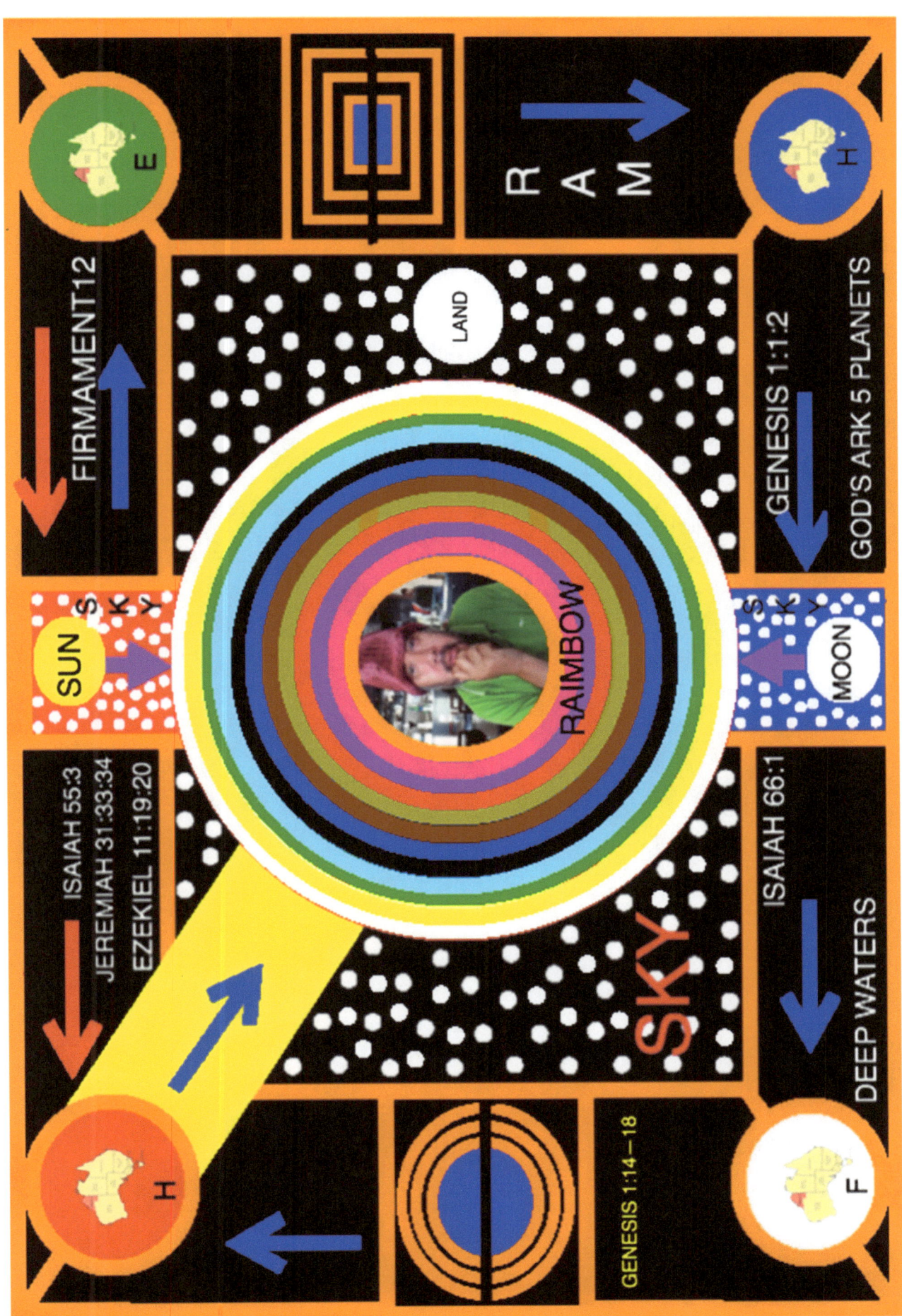

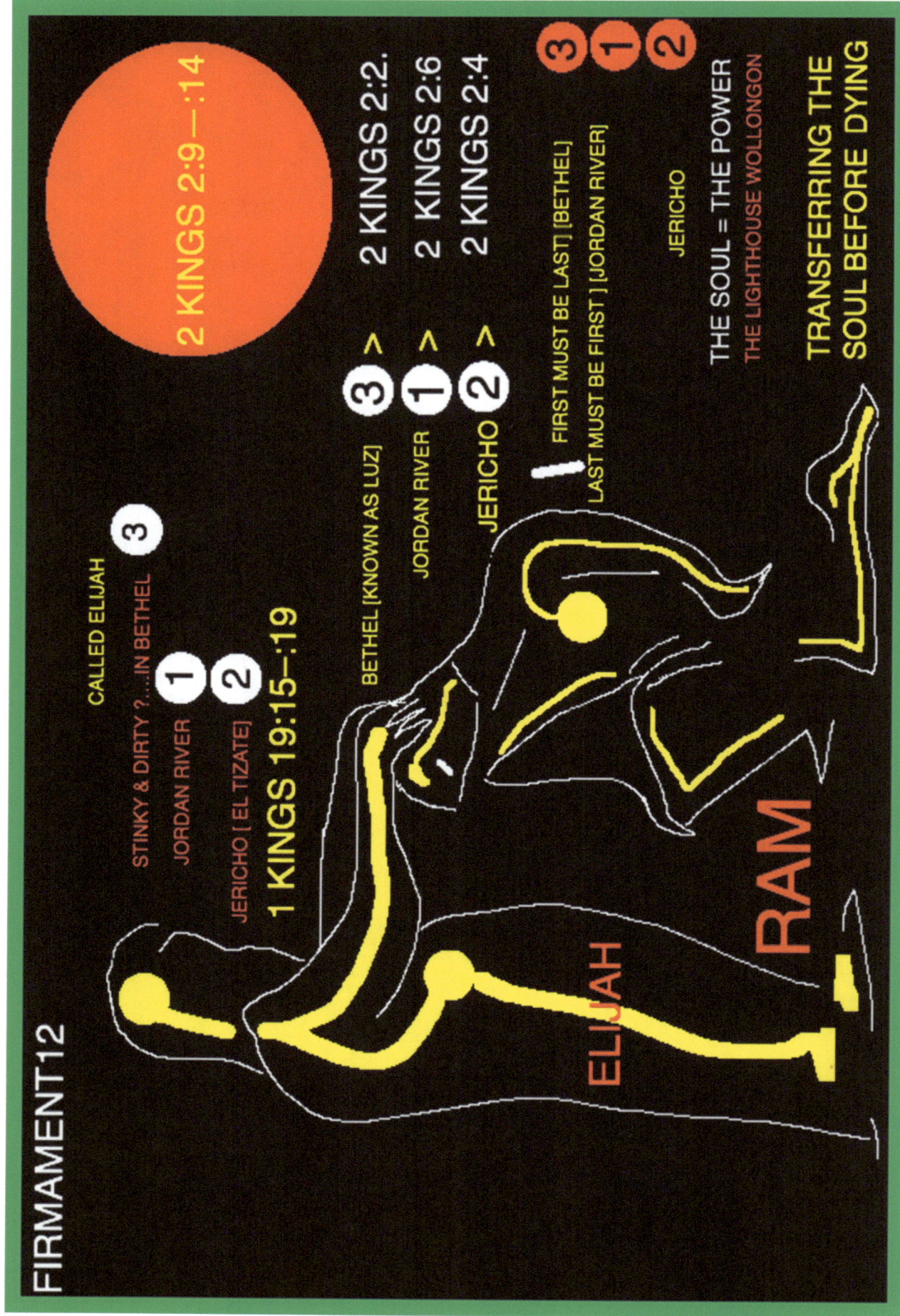

FIRMAMENT12

2 KINGS 2:9 — :14

2 KINGS 2:2.
2 KINGS 2:6
2 KINGS 2:4

BETHEL [KNOWN AS LUZ]   ③ >
JORDAN RIVER   ① >
JERICHO   ② >

FIRST MUST BE LAST] [BETHEL]
LAST MUST BE FIRST] [JORDAN RIVER]

JERICHO

THE SOUL = THE POWER
THE LIGHTHOUSE WOLLONGON

TRANSFERRING THE
SOUL BEFORE DYING

CALLED ELIJAH
STINKY & DIRTY ?...IN BETHEL   ③
JORDAN RIVER   ①
JERICHO [EL TIZATE] ②
1 KINGS 19:15—:19

ELIJAH

RAM

FIRMAMENT12

RAM

BUT GOD WILL RESCUE ME:

GENESIS 17:12:13

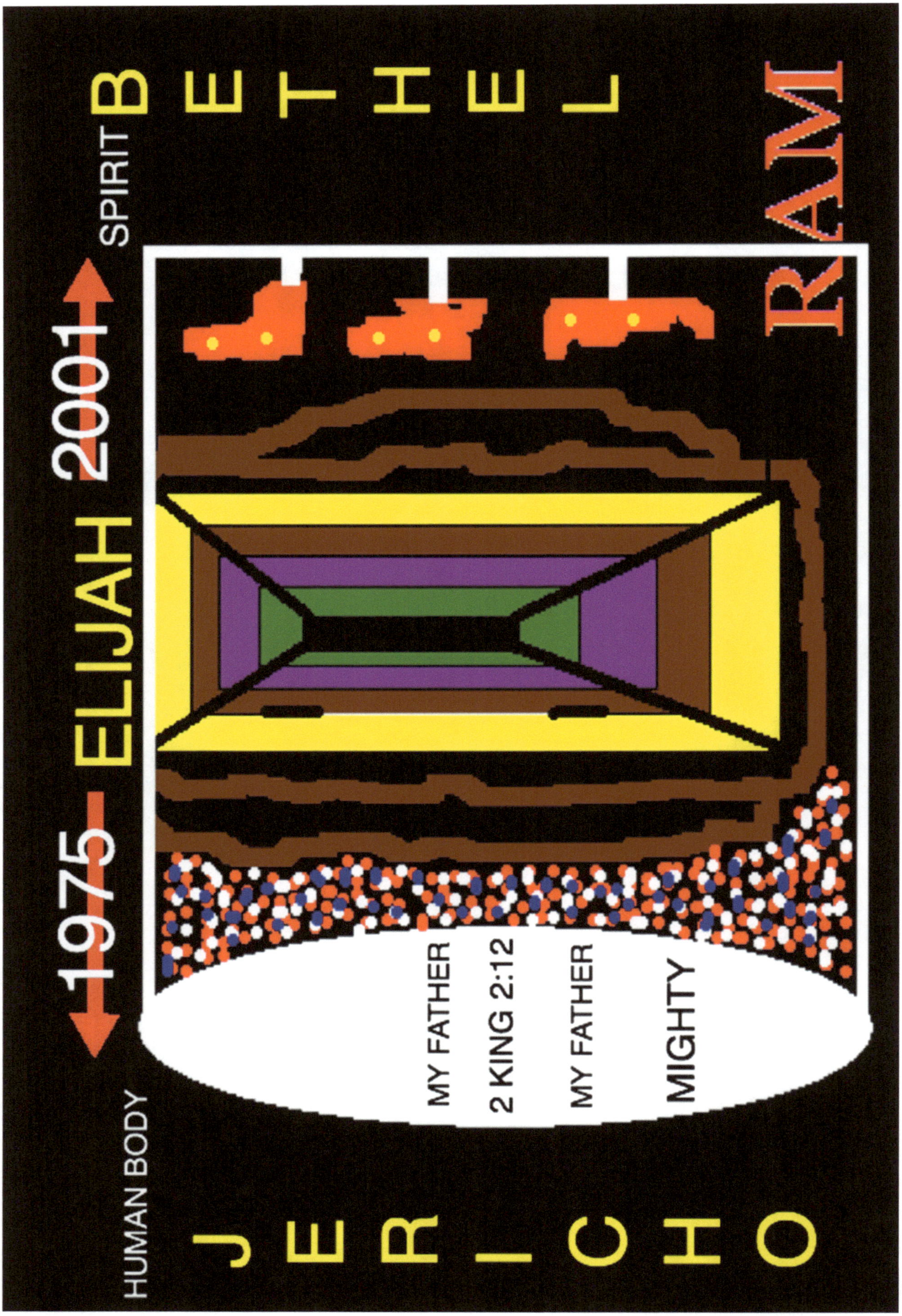

JERICHO
BETHEL
RAM
SPIRIT
1975 — ELIJAH 2001
HUMAN BODY
MY FATHER
2 KING 2:12
MY FATHER
MIGHTY

RAM

FIRMAMENT12

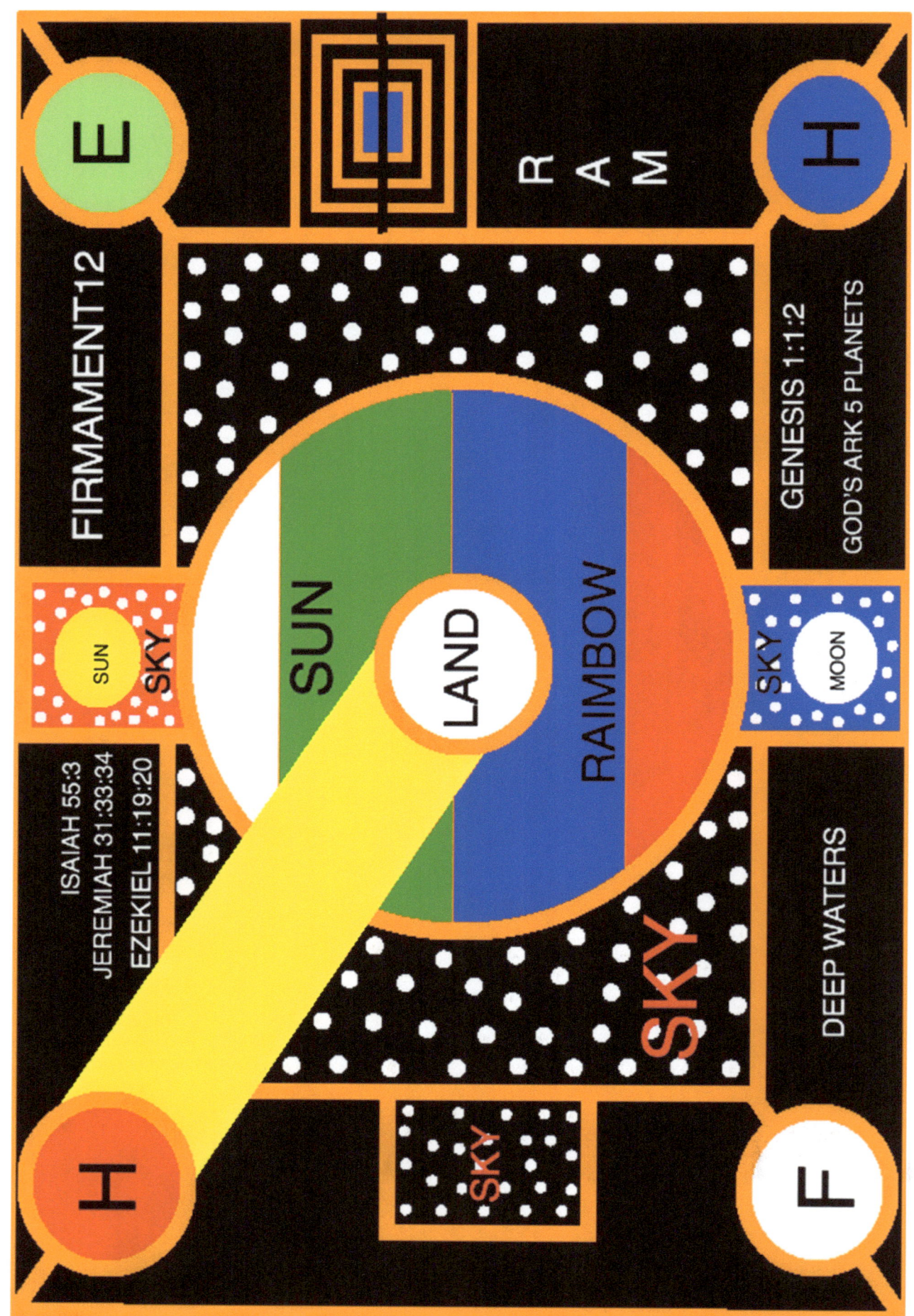

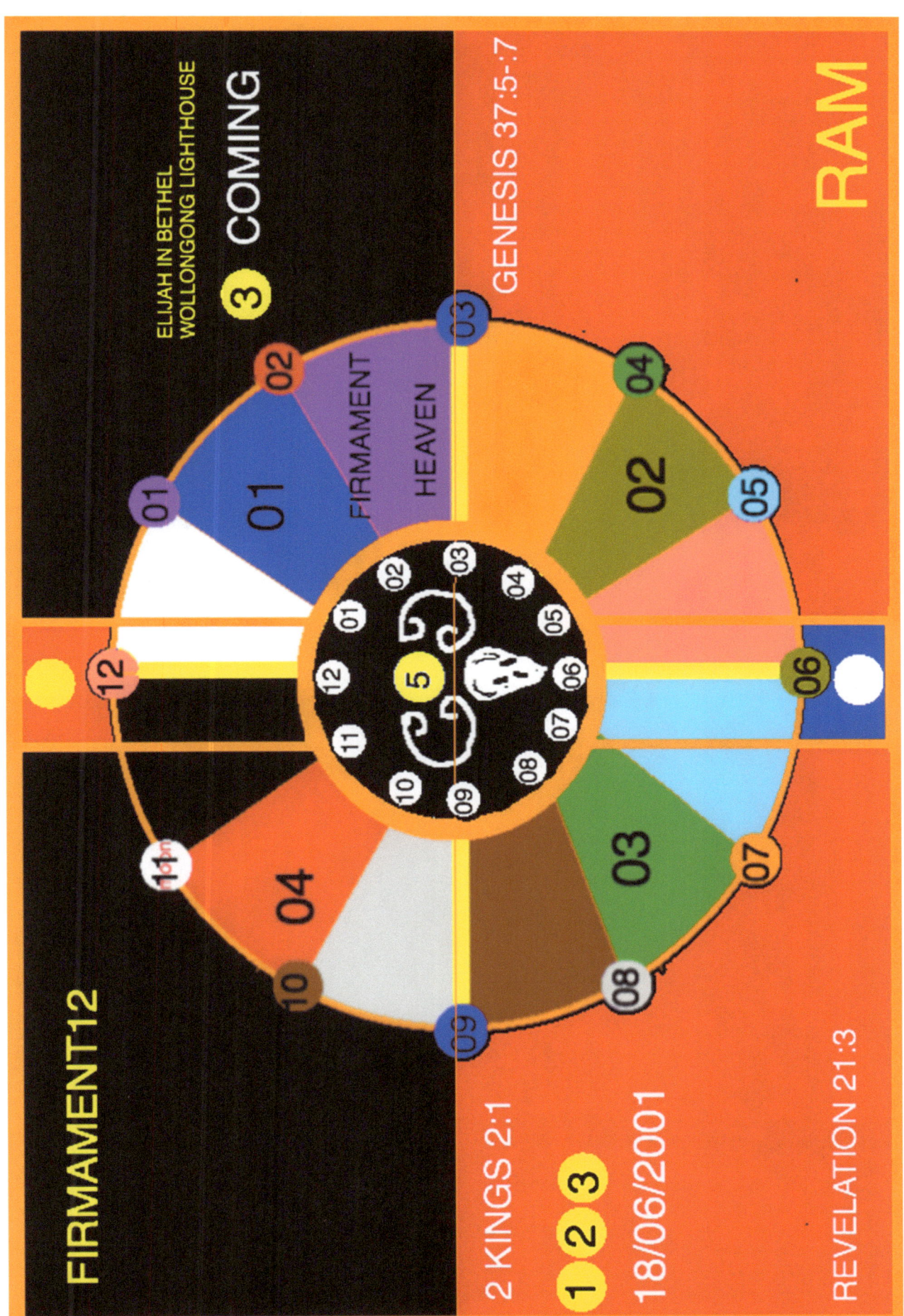

RAM

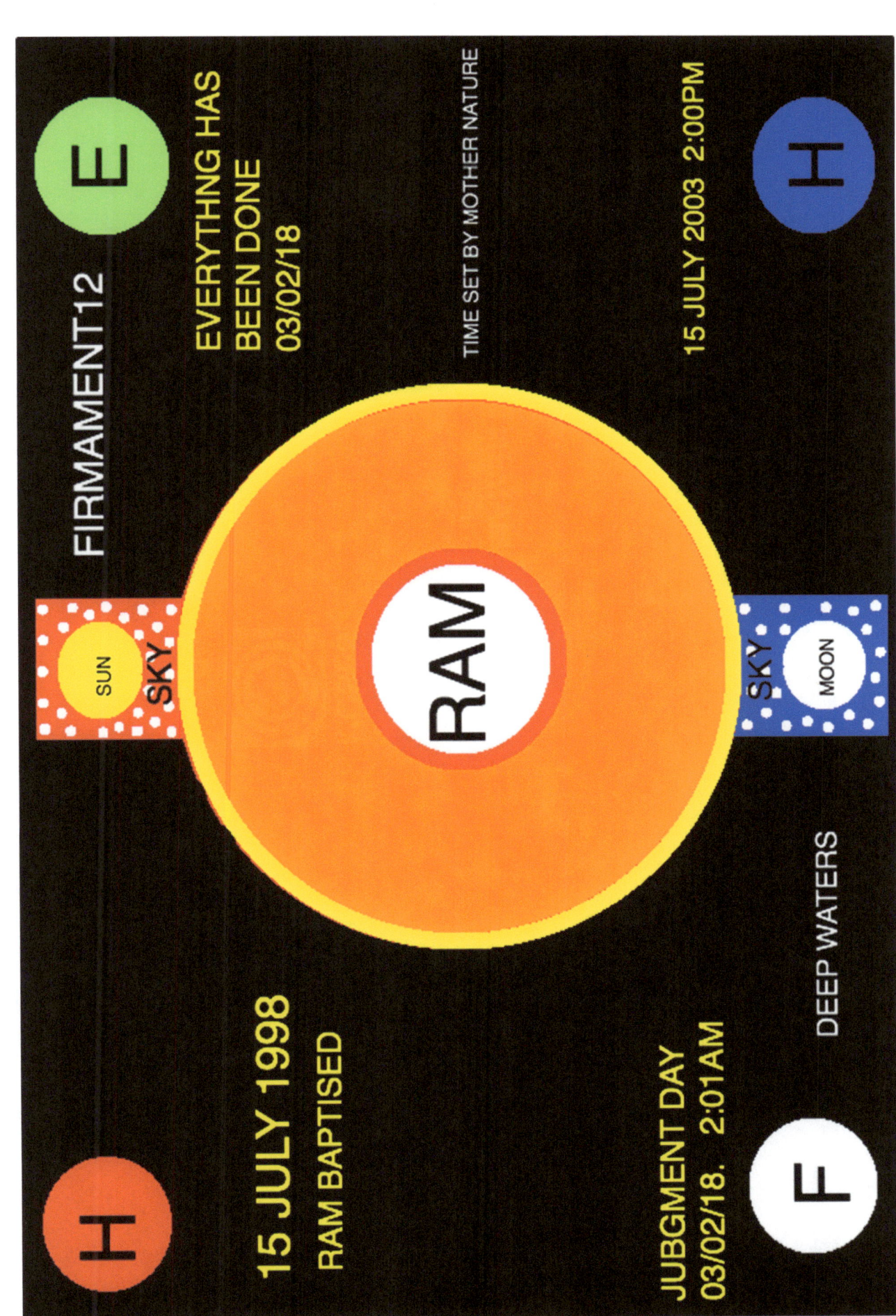

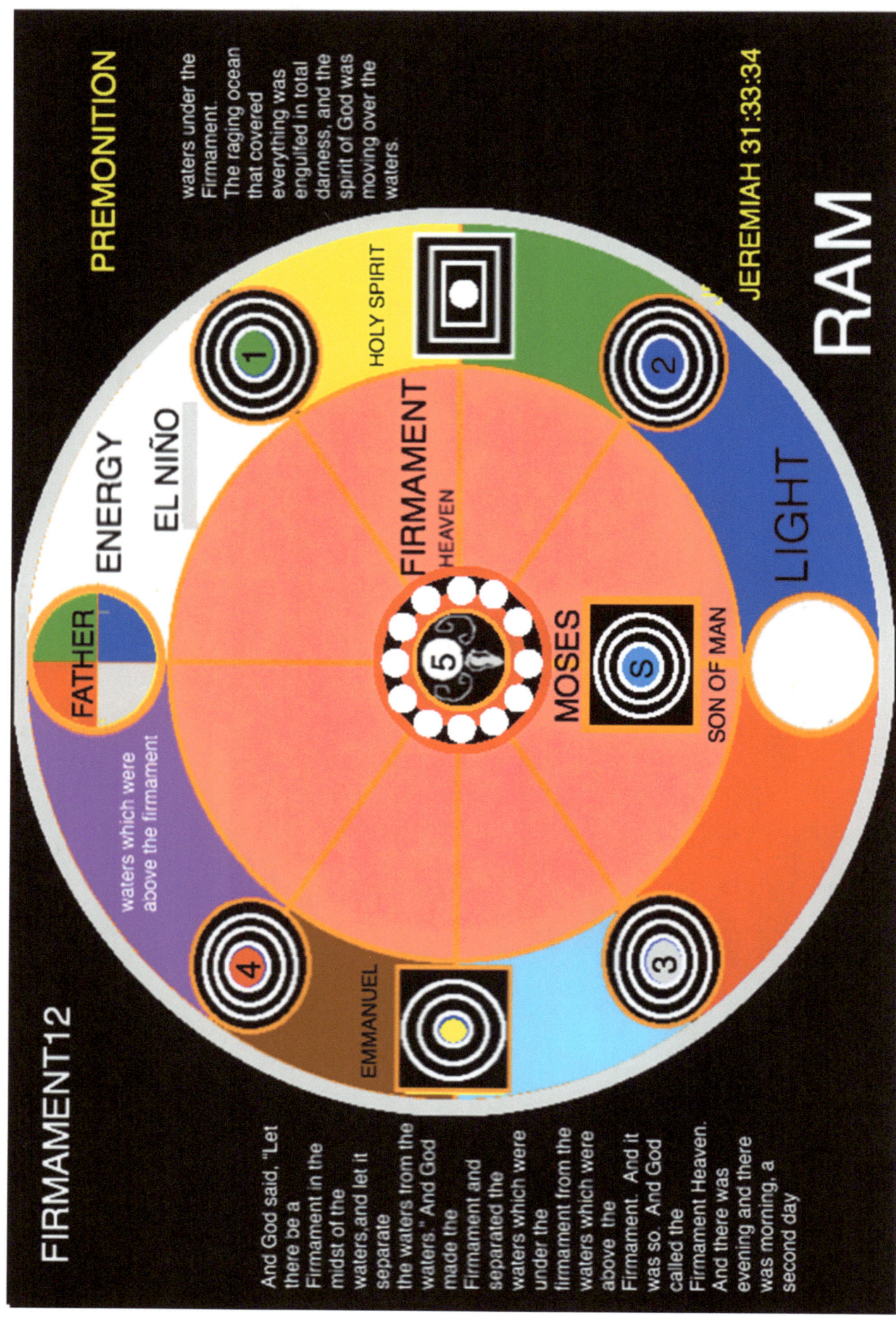

FIRMAMENT12

PREMONITION

RAM

JEREMIAH 31:33:34

waters under the Firmament. The raging ocean that covered everything was engulfed in total darkness, and the spirit of God was moving over the waters.

HOLY SPIRIT

ENERGY

EL NIÑO

FATHER

FIRMAMENT
HEAVEN

LIGHT

MOSES

SON OF MAN

EMMANUEL

waters which were above the firmament

And God said, "Let there be a Firmament in the midst of the waters, and let it separate the waters from the waters." And God made the Firmament and separated the waters which were under the firmament from the waters which were above the Firmament. And it was so. And God called the Firmament Heaven. And there was evening and there was morning, a second day

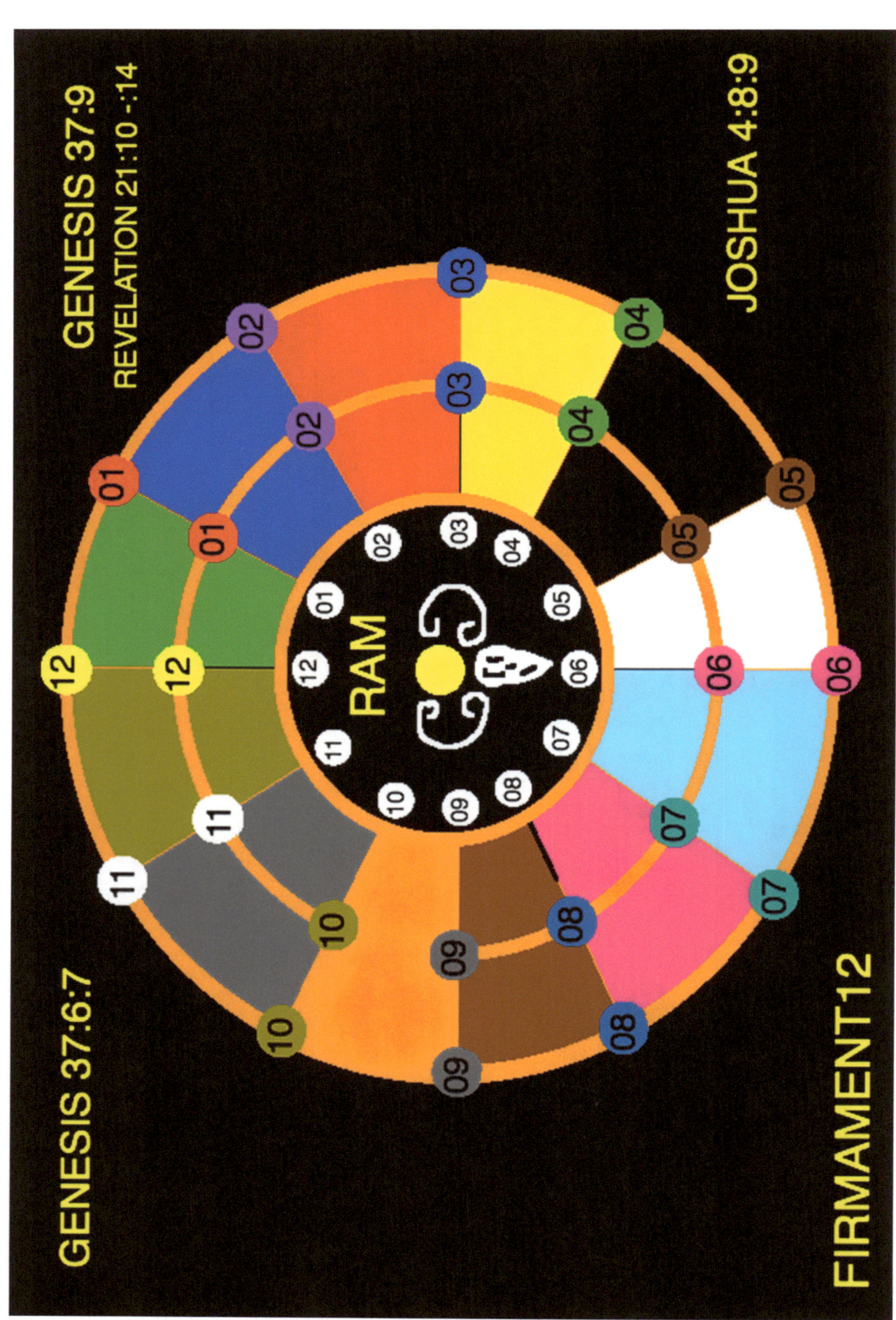

GENESIS 37:9
REVELATION 21:10 -:14

GENESIS 37:9

JOSHUA 4:8:9

GENESIS 37:6:7

FIRMAMENT12

RAM

RAM

FIRMAMENT12

RAM

FIRMAMENT12

THE MAYAS TRIBES

RAM

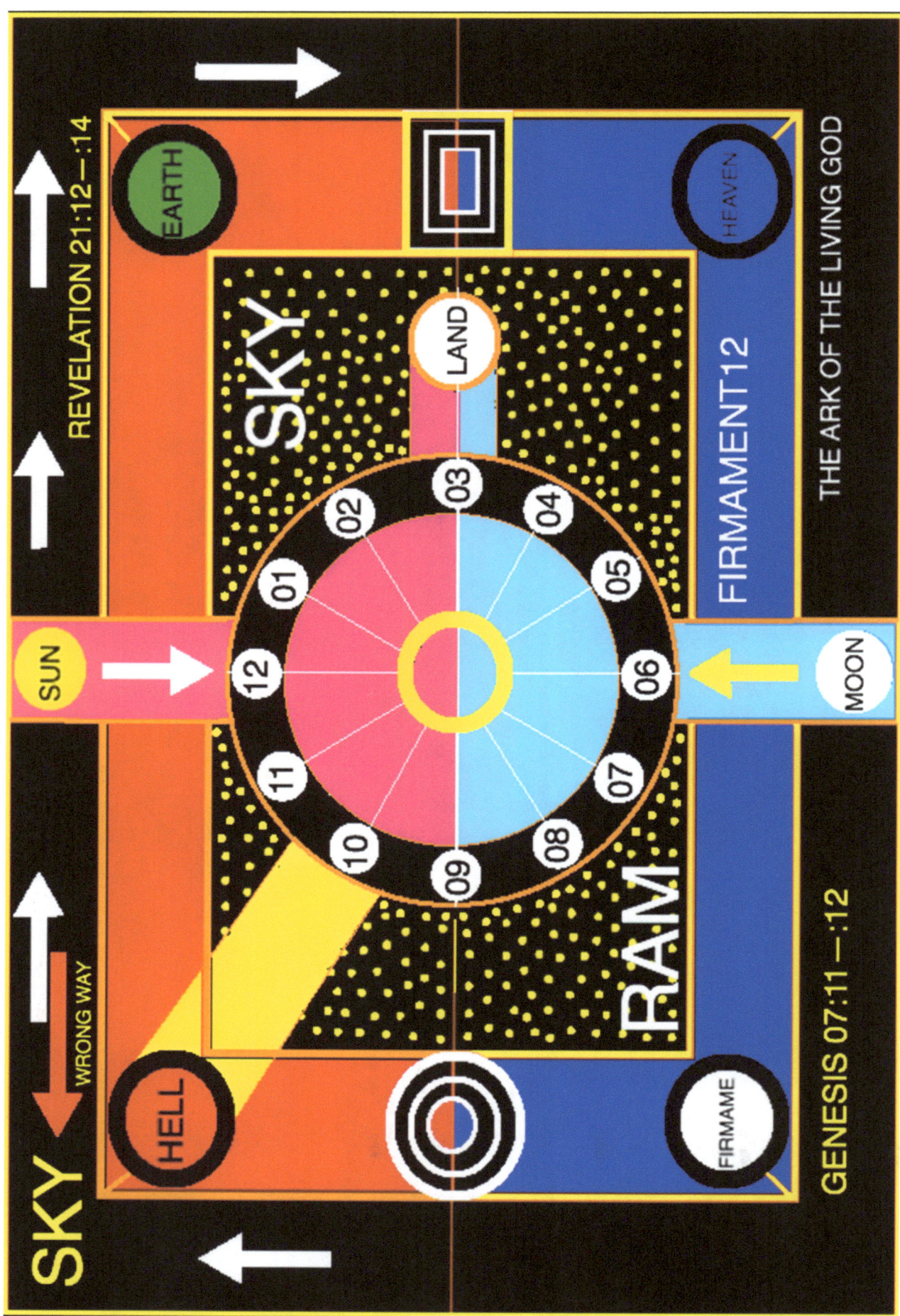

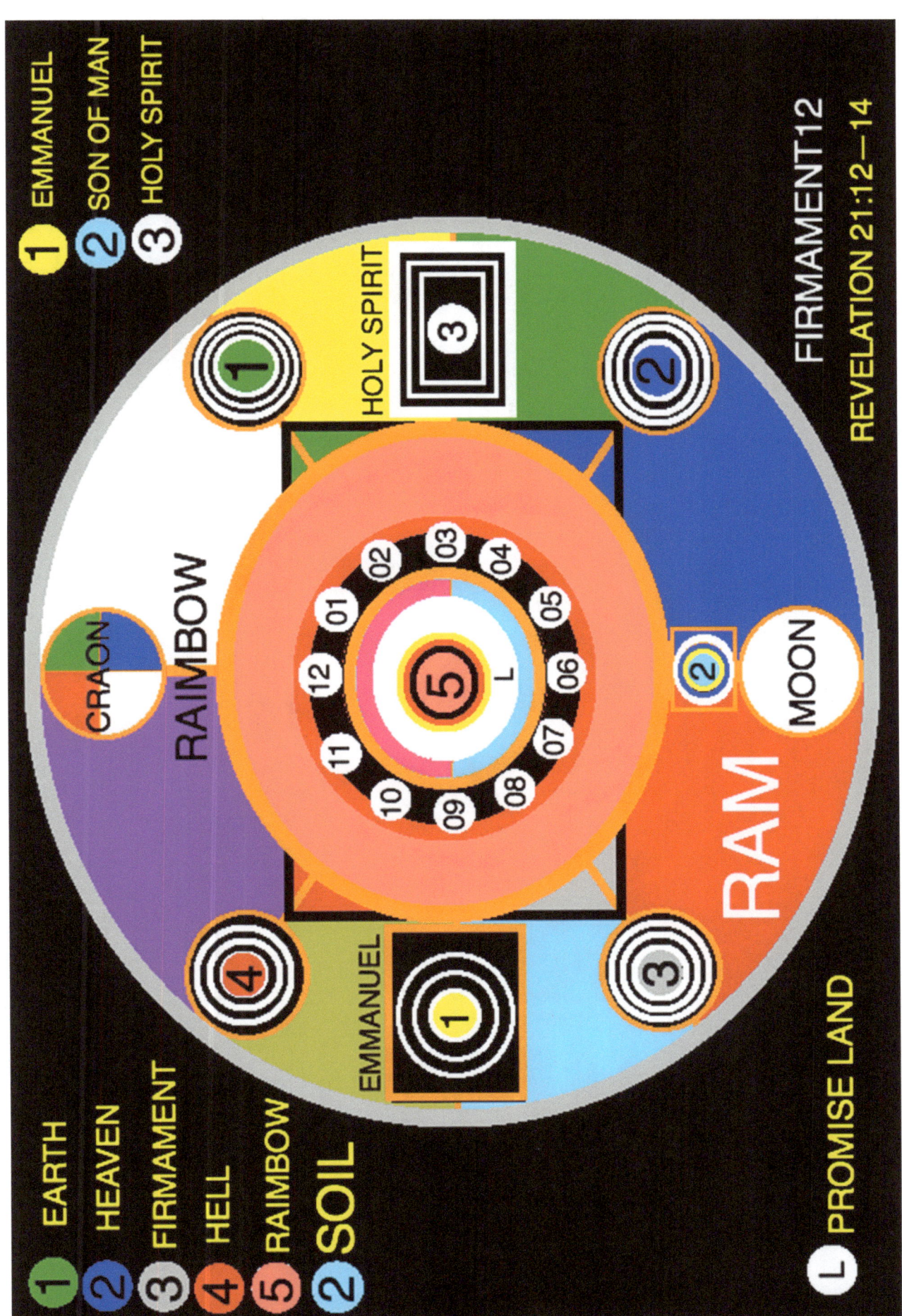

85

FIRMAMENT12

RAM

2 WAYS TELEPORTATION

THEY KEPT TALKING AS THEY WALKED ON; THEN SUDDENLY A CHARIOT OF FIRE PULLED BY HORSES OF FIRE CAME BETWEEN THEM, & ELIJAH WAS TAKEN UP TO HEAVEN BY A WHIRLWIND.

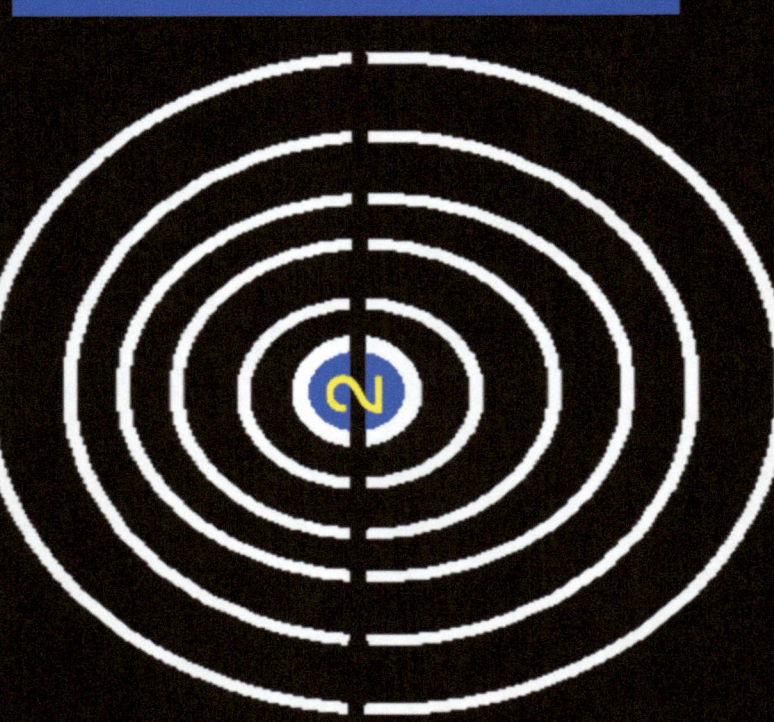

CELESTIAL WAY 2

2 KINGS 2:9-:11

SPIRITUAL WAY 1

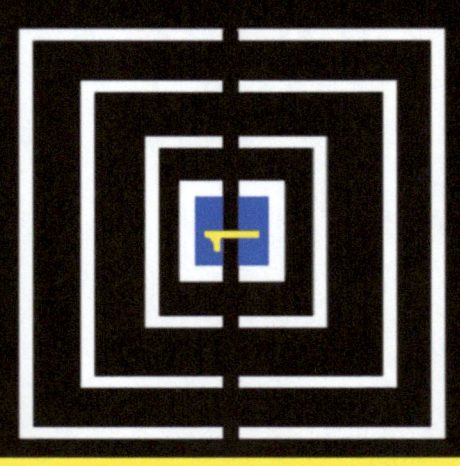

1 SAMUEL 28:15

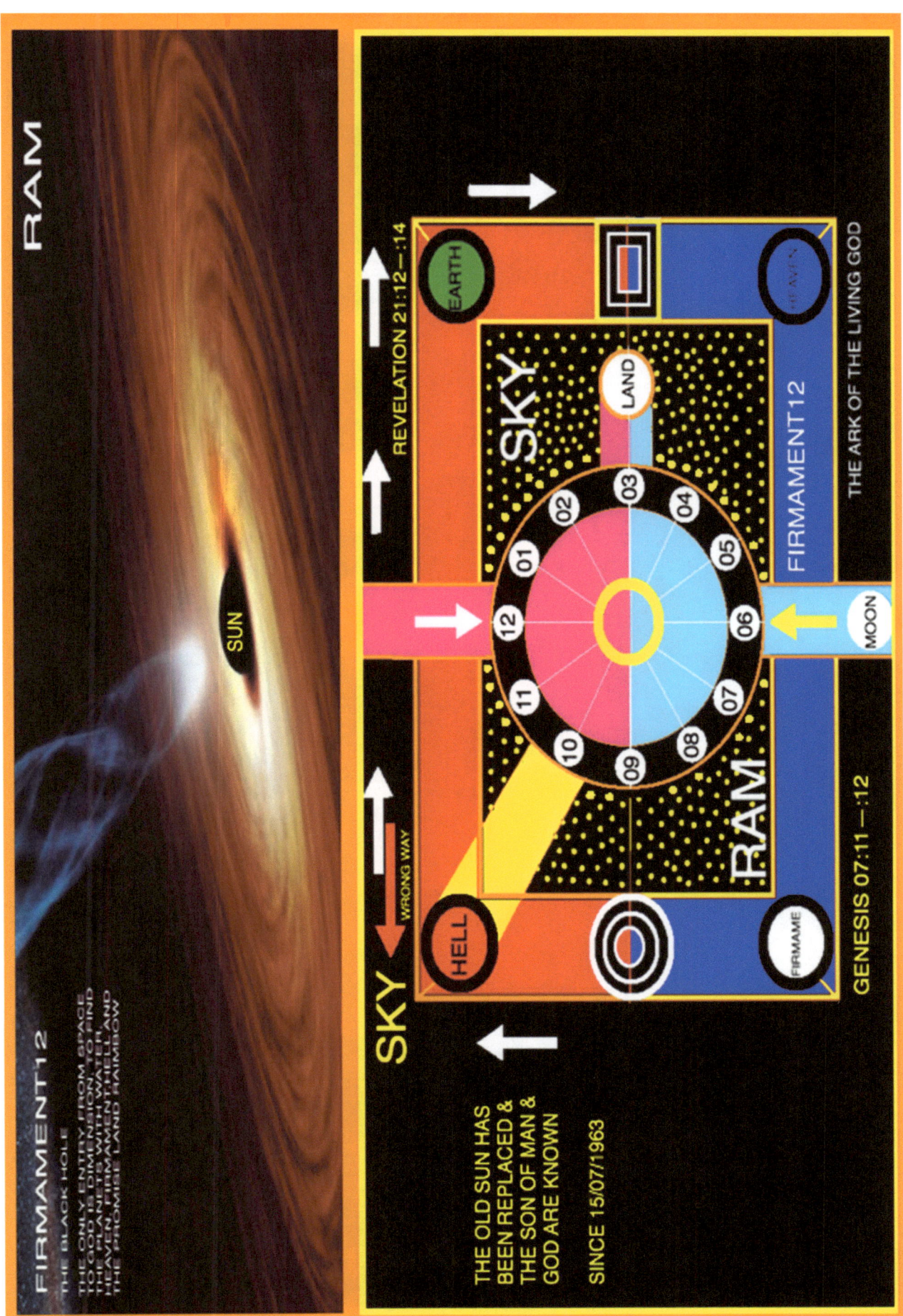

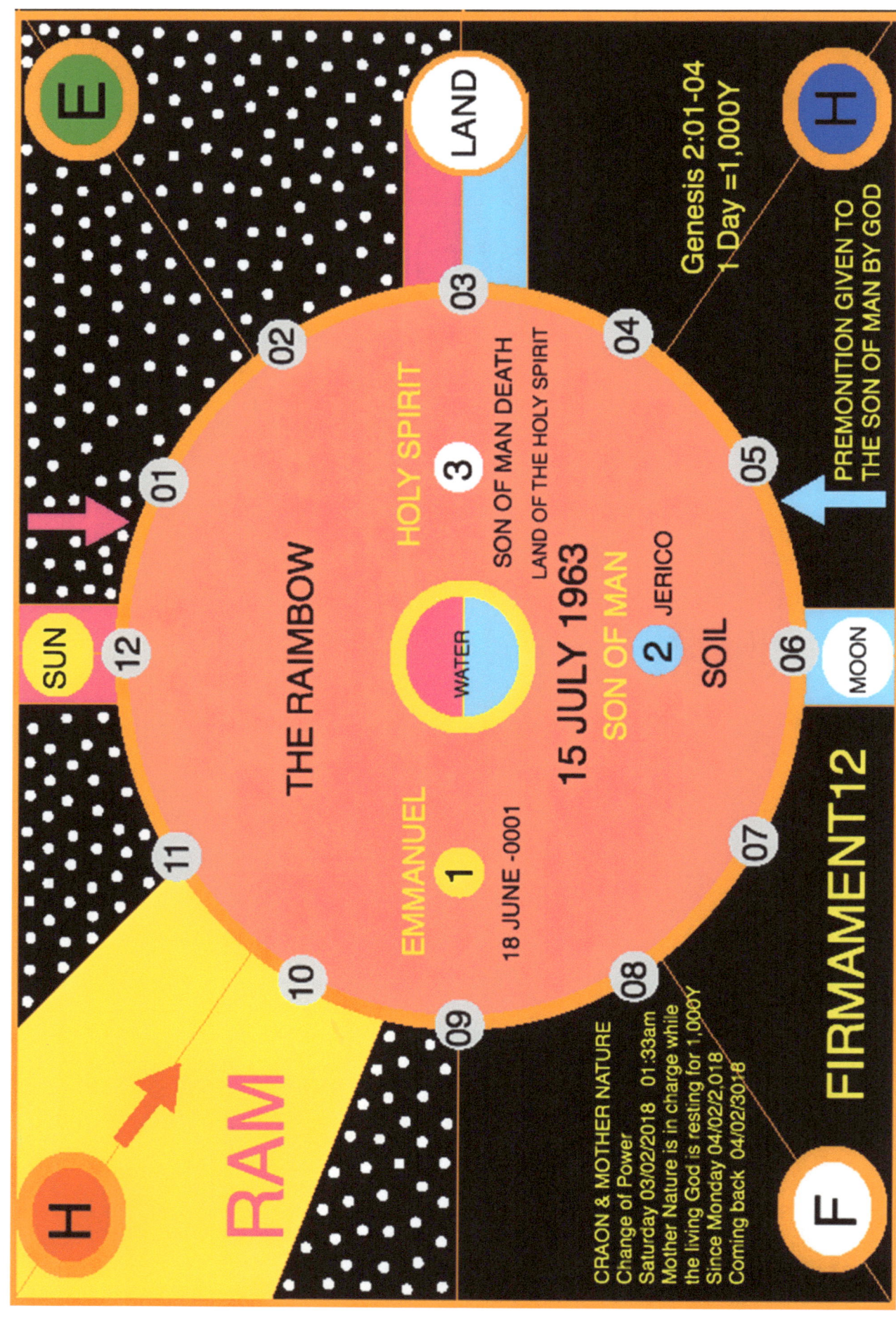

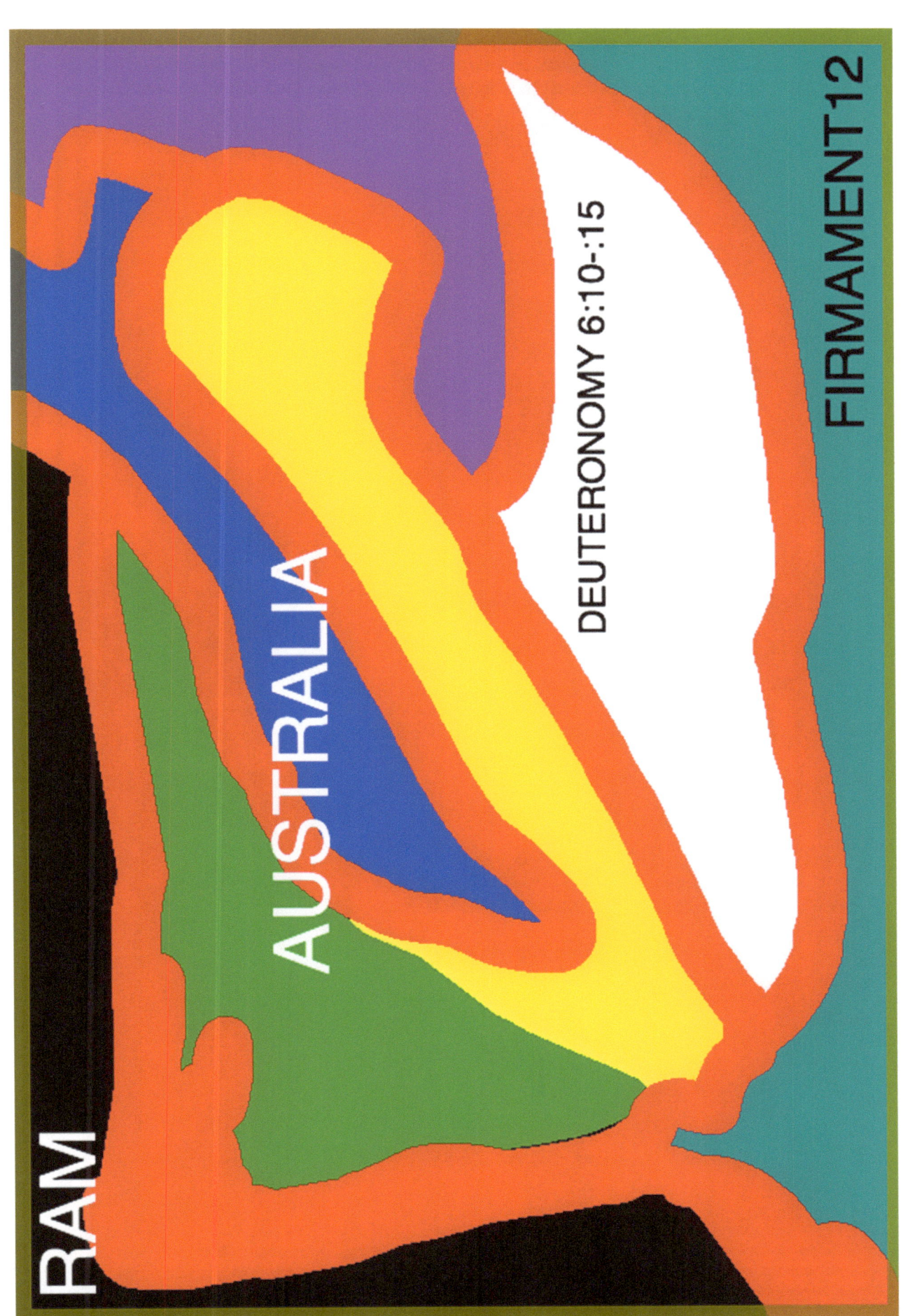

RAM

AUSTRALIA

DEUTERONOMY 6:10-:15

FIRMAMENT12

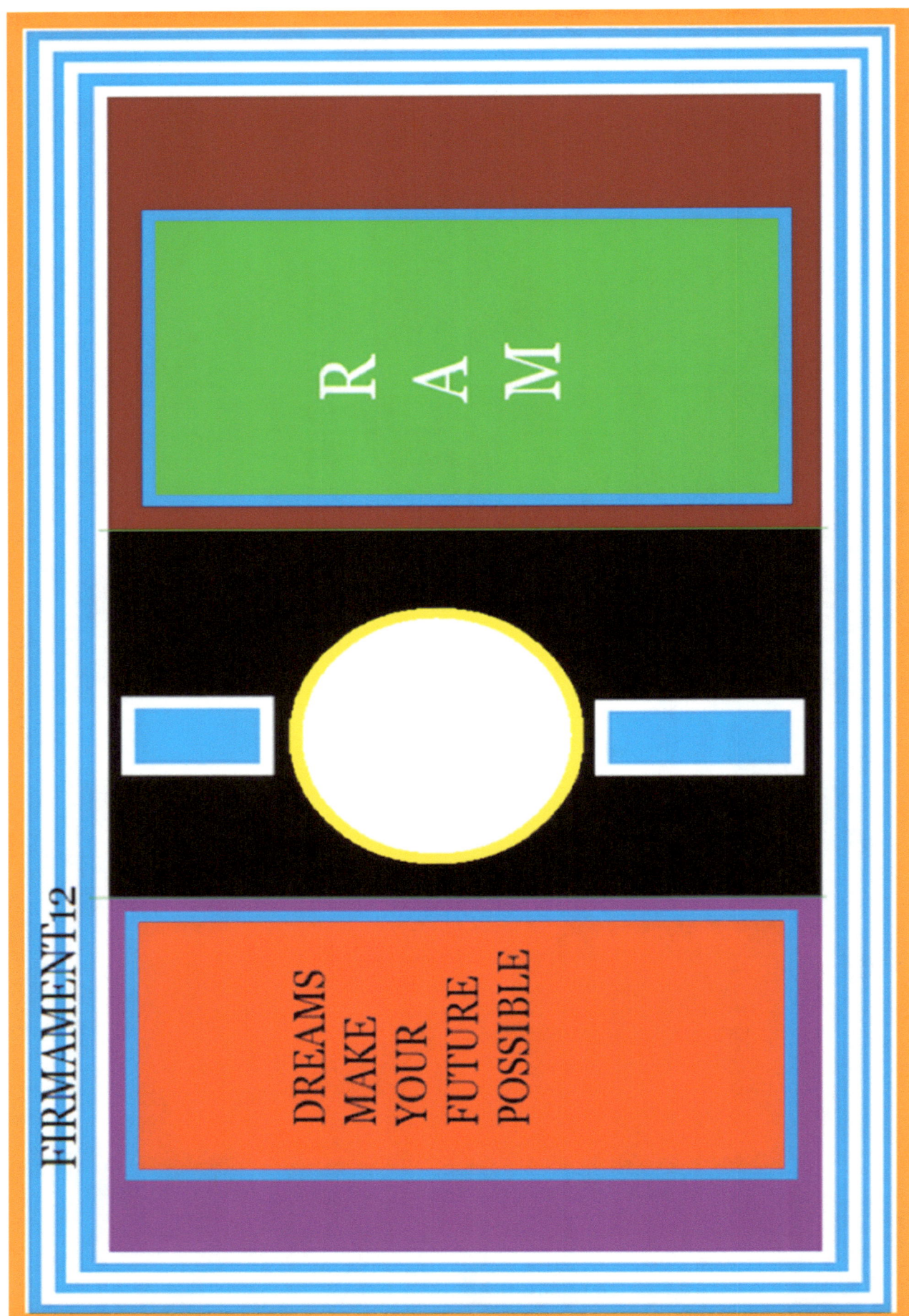

FIRMAMENT 12

RAM

DREAMS MAKE YOUR FUTURE POSSIBLE

RAM

FIRMAMENT12

FIRMAMENT12

JOB 4:19

FIRMAMENT12

R
A
M

FIRMAMENT12

GENESIS 9:16

RAM

EL SALVADOR
PSALMS 110

AUSTRALIA

FIRMAMENT12

RAM

FIRMAMENT12

RAM

GENESIS 1:09

RAM

FIRMAMENT12

QUIEN PUEDE ROBARTE
DEL REGALO QUE DIOS
A FORMADO DESDE ANTES
DE TU NACIMIENTO......

FIRMAMENT12

RAM

FIRMAMENT12

RAM

FIRMAMENT12 RAM

JEREMIAH 31:33:34

TURN TO US, ALMIGHTY
YOUR NEW COVENANT = YOUR WILL

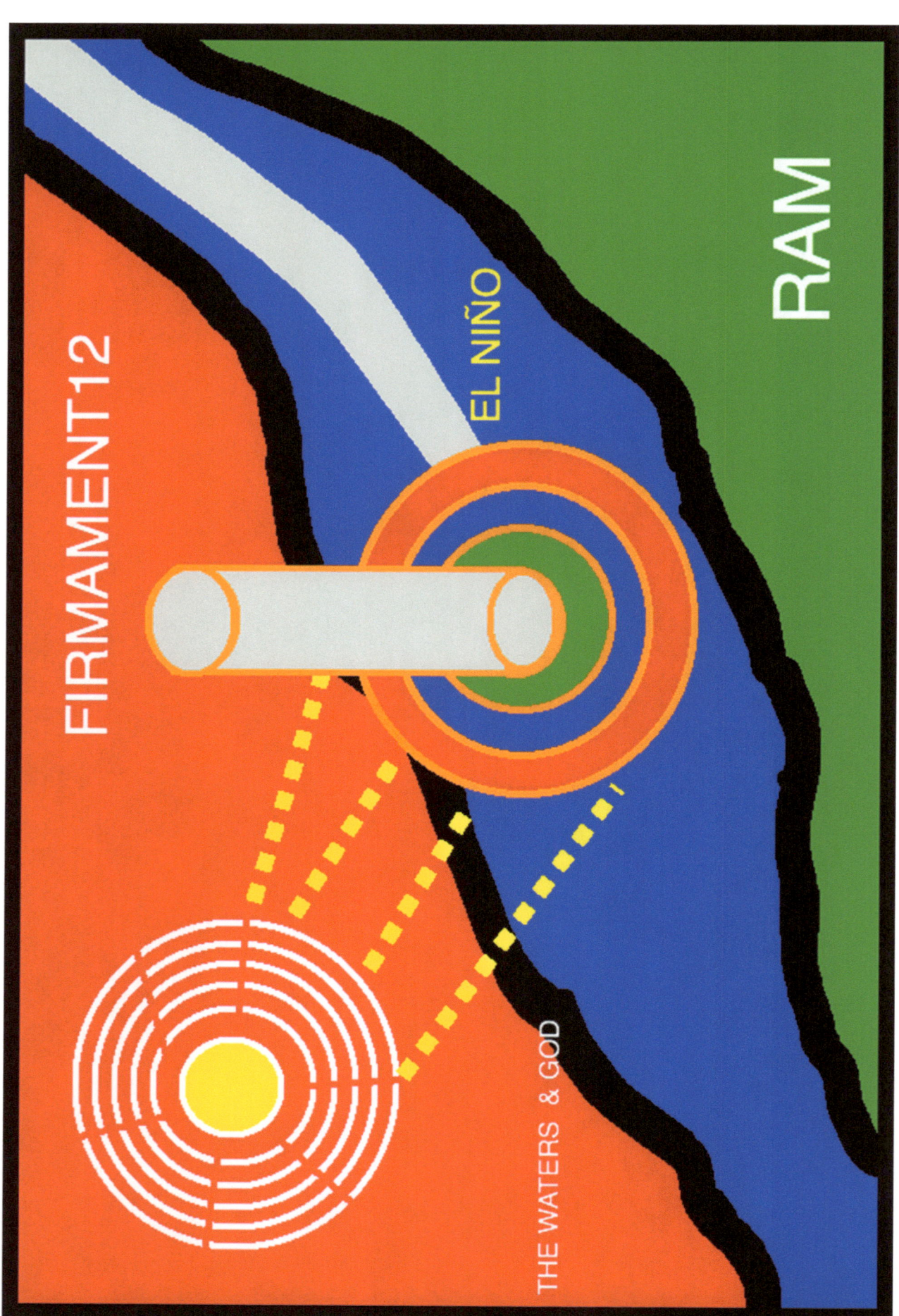

RAM

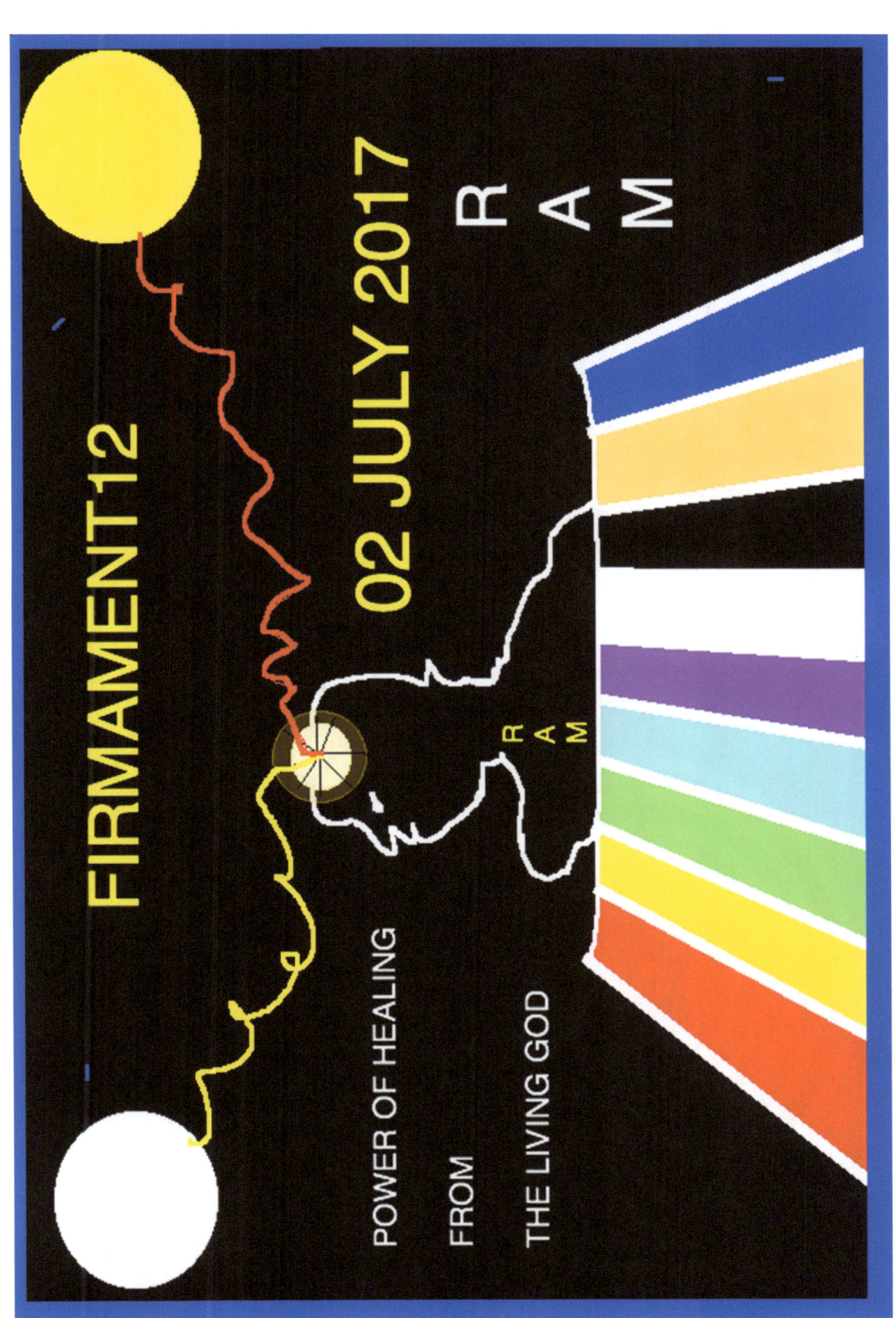

TELEPORTATIONS

FIRMAMENT12

GENESIS 7:11

SPIRITUAL WAY 1

1 SAMUEL 28:15

MAY A S T I M E

END 18/06/01

RAM

CELESTIAL WAY 2

2 KINGS 2:6 — :9

EXODUS 14:16

FIRMAMENT 12

LAMB

FIRMAMENT12

R
A
M

RAM

2

FIRMAMENT12

1 2

RAM

FIRMAMENT12

RAM

R
A
M

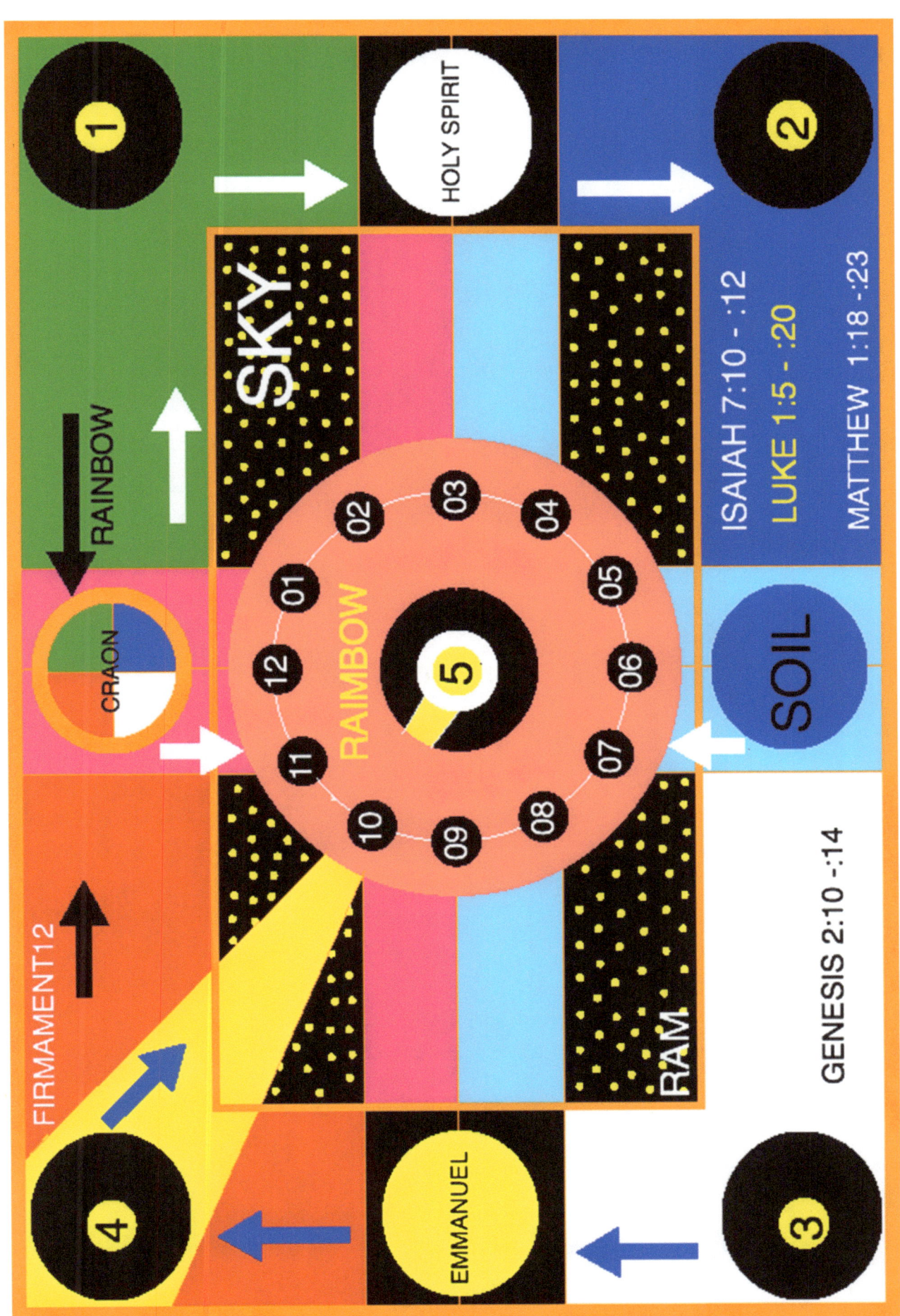

RAM

FIRMAMENT12

1

FIRMAMENT12

GENESIS 01:27

MATTHEW 17:24—27

PEARL THE SEED OF LIFE

THE RAGING OCEAN THAT COVERED EVERYTHING

R
A
M

FIRMAMENT12

FIRMAMENT12

MATTHEW

12:39-40
15:3-6
16:28
17:2-3
17:9-[:12]   17:22-23
17:24-:27
25:31-32

JOHN

3:14
6:27

LUKE

4:16-:21
9:35
12:8
17:22
17:30

SON, GOD & HOLY SPIRIT

GENESIS 22:13
LEVITICUS 8:1-2
LEVITICUS 8:18-[:22] [:22]
LEVITICUS 8:29
RUTH 4:18-[22]
2 SAMUEL 7:12-16
1 CHRONICLES 2:9-10
EXODUS 4:13-16
1 CHRONICLES 17:11-14

THE LIVING GODS
FATHER, SON, HOLY SPIRIT

FIRMAMENT12

THE ORDINATIO RAM
OF HOLY TEMPLE
FIRMAMENT12

IN THE 12 PLANETS,
THEY WILL BE LIKE
KINGS CONTROLED
BY KING EMMANUEL
FROM HIS KINGDOMS
HEAVEN AND EARTH
IN THE ARK OF GOD,
SON & HOLY SPIRIT*

1 NORM STILES

2 PETER STARR

3 RUDY MENJIVAR

4 BRAIN HOUSTON

5 WARWICK GRACE

6 DOUG GRANT

7 KEVIN WILCOCK

8 RUDY ARMANDO MONTIEL

9 MIGUEL ANGEL GUEVARA ALMENDAREZ

10 JOEL A'BELL

11 CARMEN JULIAN ALAS ZEPEDA

12 PAUL BARTLETT

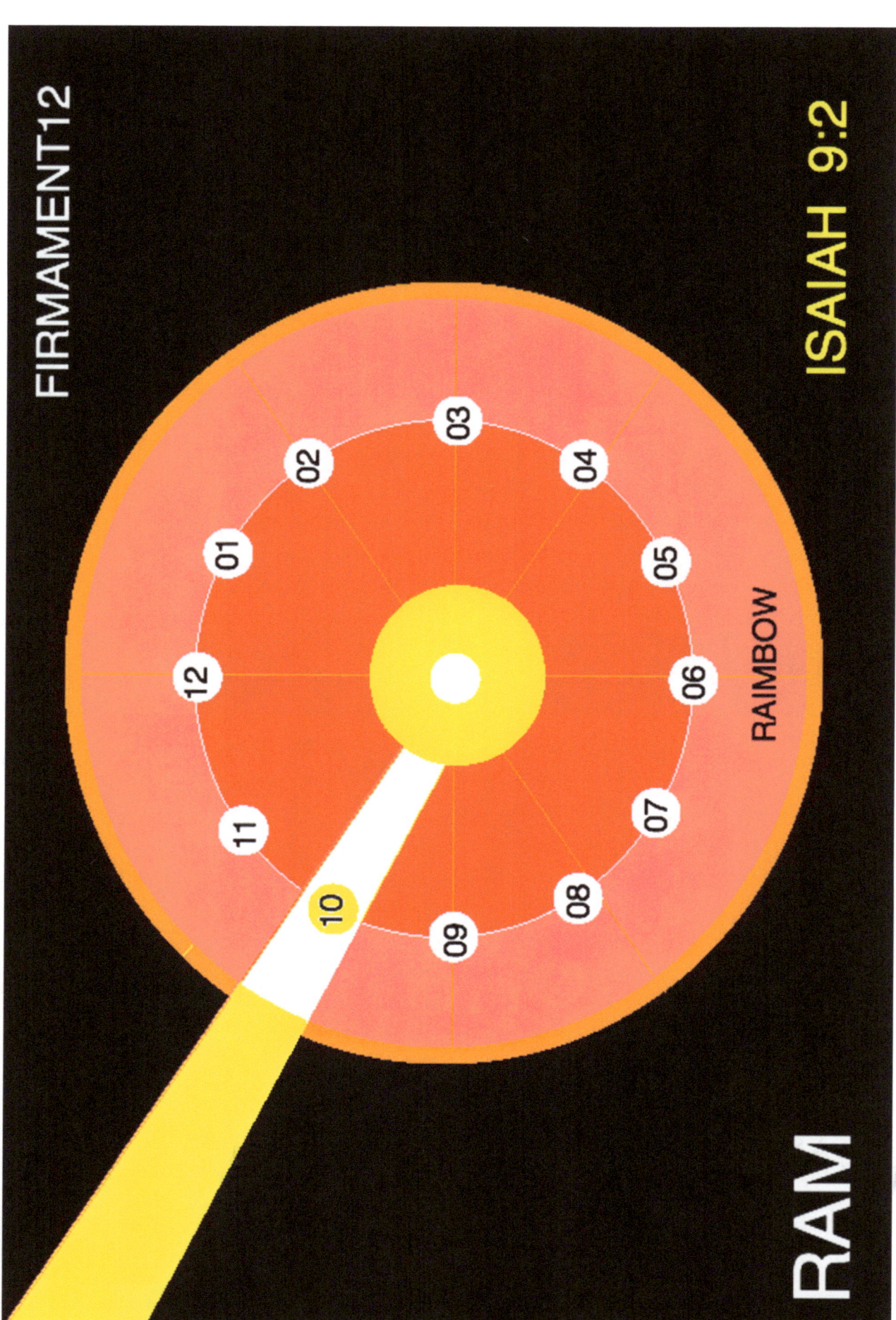

RAM

FIRMAMENT12

ISAIAH 9:2

RAIMBOW

RAM

134

FIRMAMENT12

135

FIRMAMENT12

137

RAM

RAM

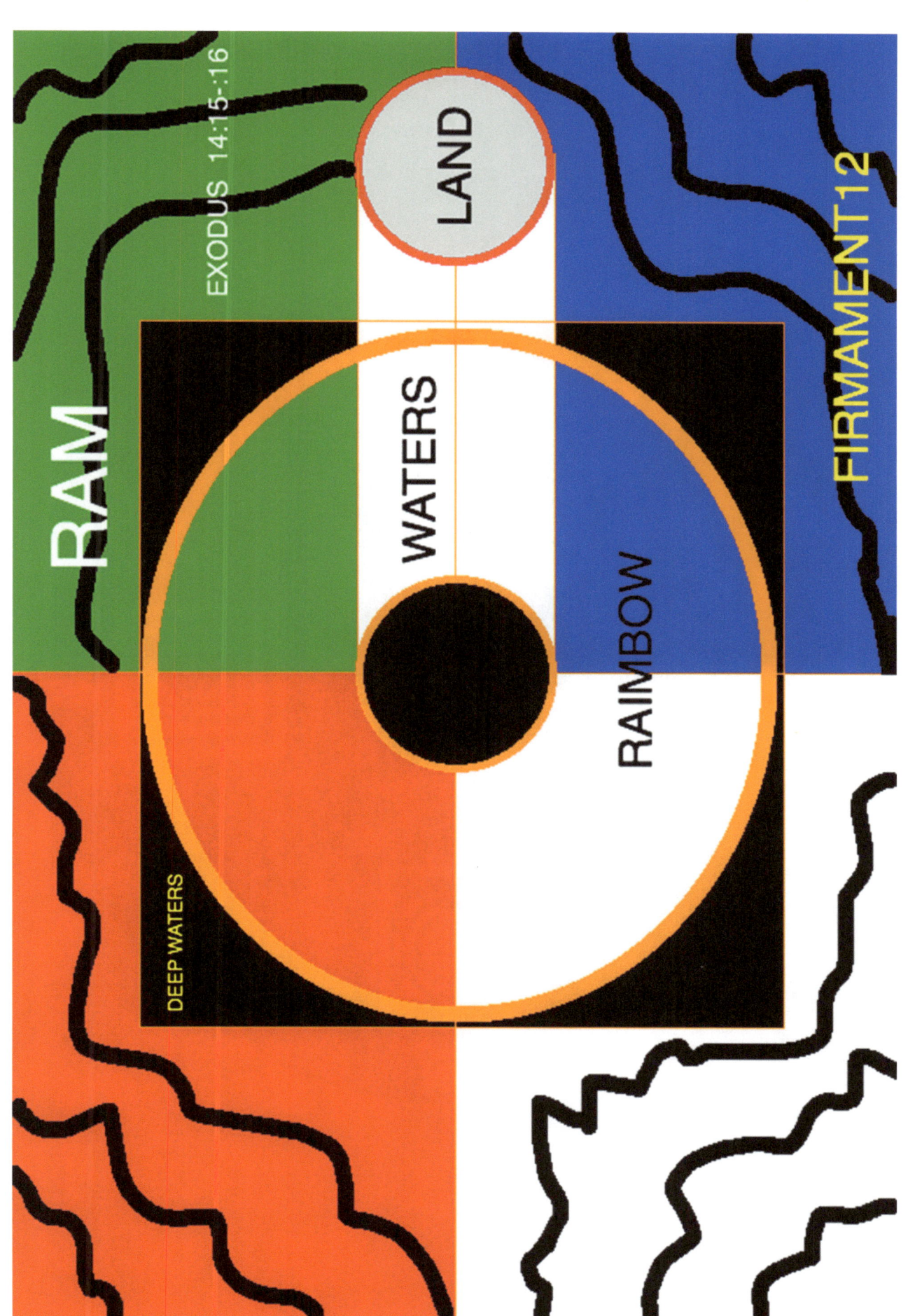

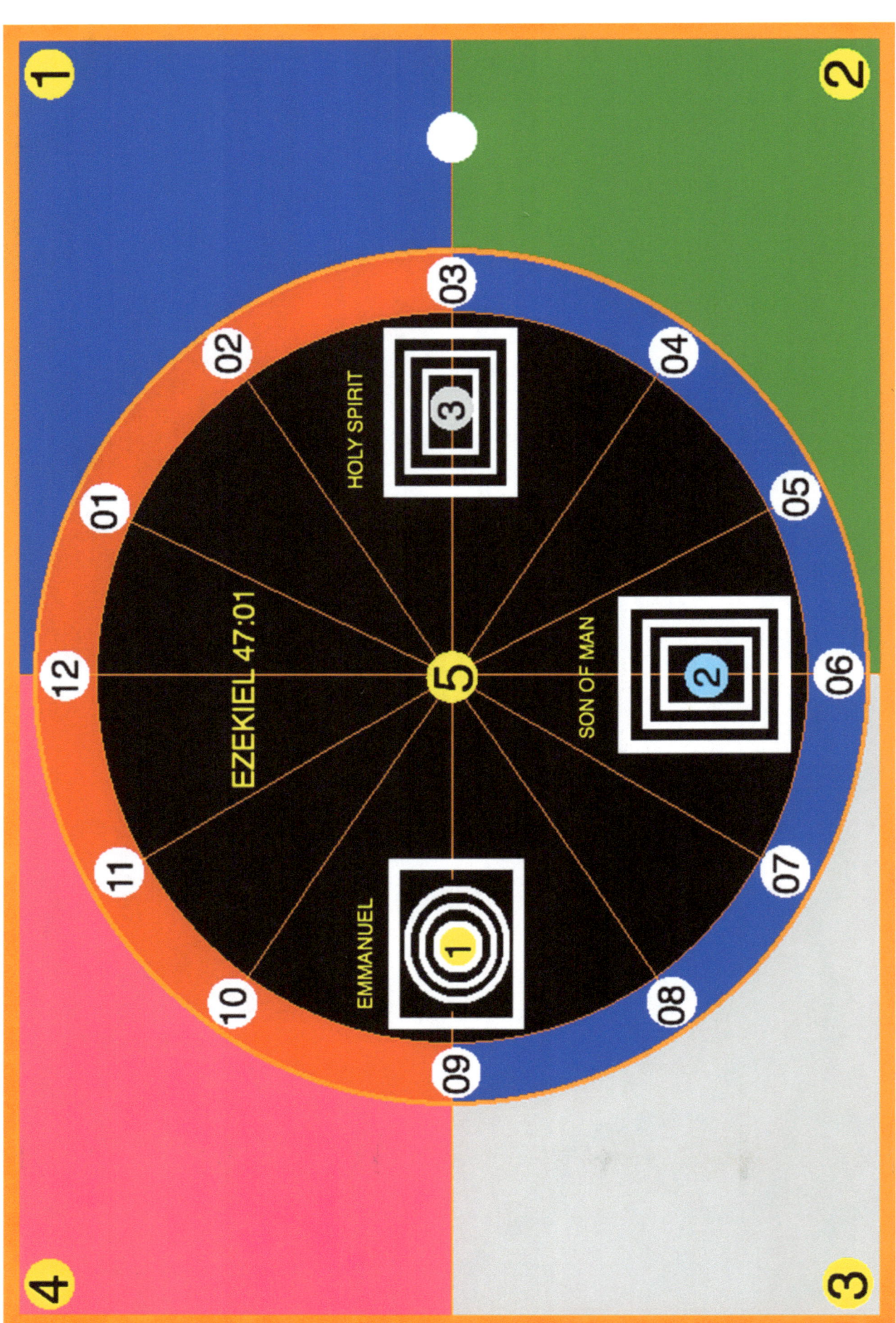

JOHN 3:14

RAM

FIRMAMENT12

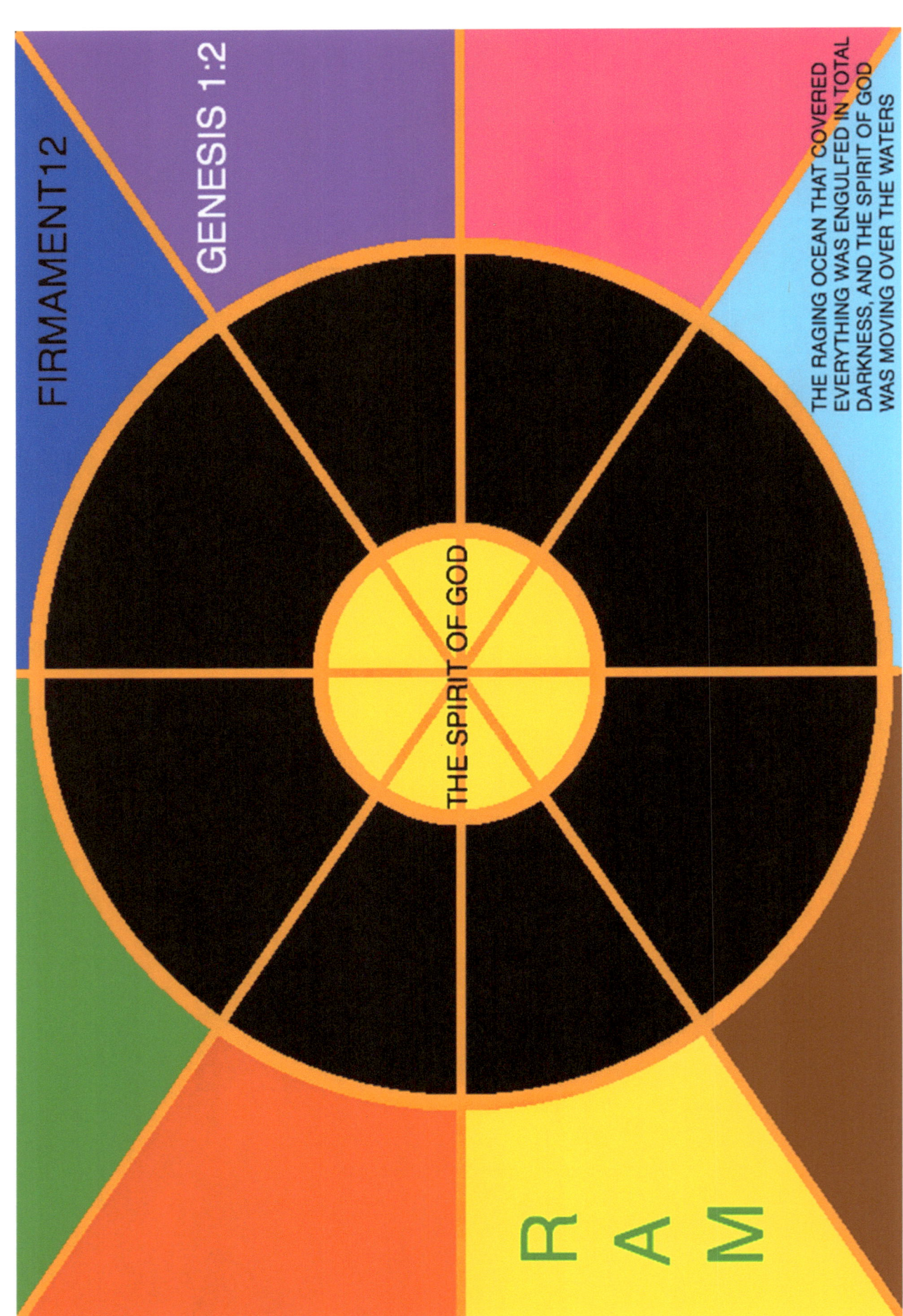

FIRMAMENT12

GENESIS 1:2

THE RAGING OCEAN THAT COVERED EVERYTHING WAS ENGULFED IN TOTAL DARKNESS, AND THE SPIRIT OF GOD WAS MOVING OVER THE WATERS

THE SPIRIT OF GOD

R
A
M

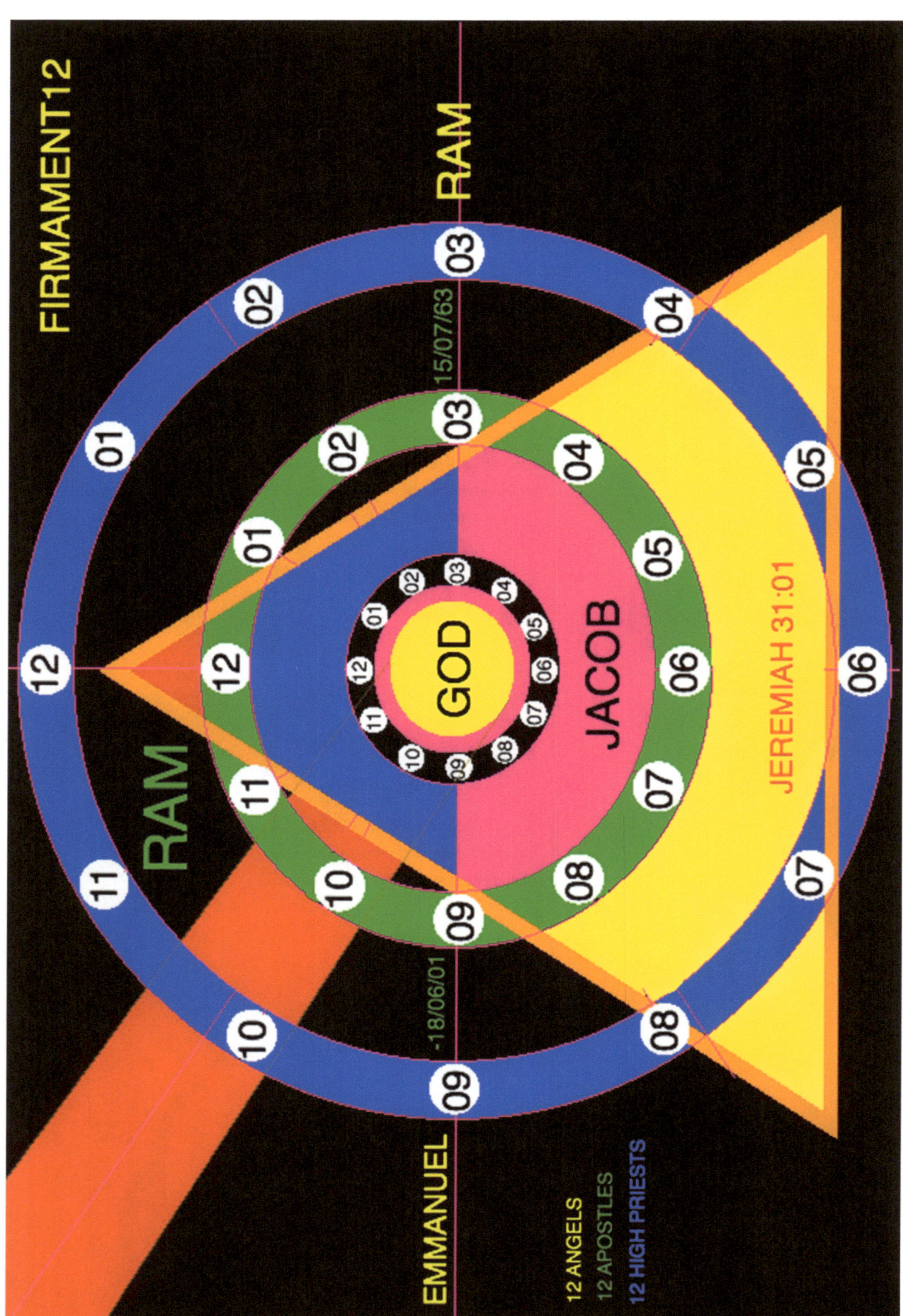

150

FIRMAMENT12
COVENANTS

GENESIS 9:16   1

GENESIS 17:12   2

DEUTERONOMY 29:12   3

2 KINGS 2:06

JOHN 1:32:33:34   4

JEREMIAH 31:33   5

FIRMAMENT12

JEREMIAH 31:10:11

R T A M

FIRMAMENT12

COMMANDMENTS

LEVITICUS 8:29

"LOVE"

"YOU SHALL NOT KILL"

DANIEL 12:4:9:13

GENESIS 22:13

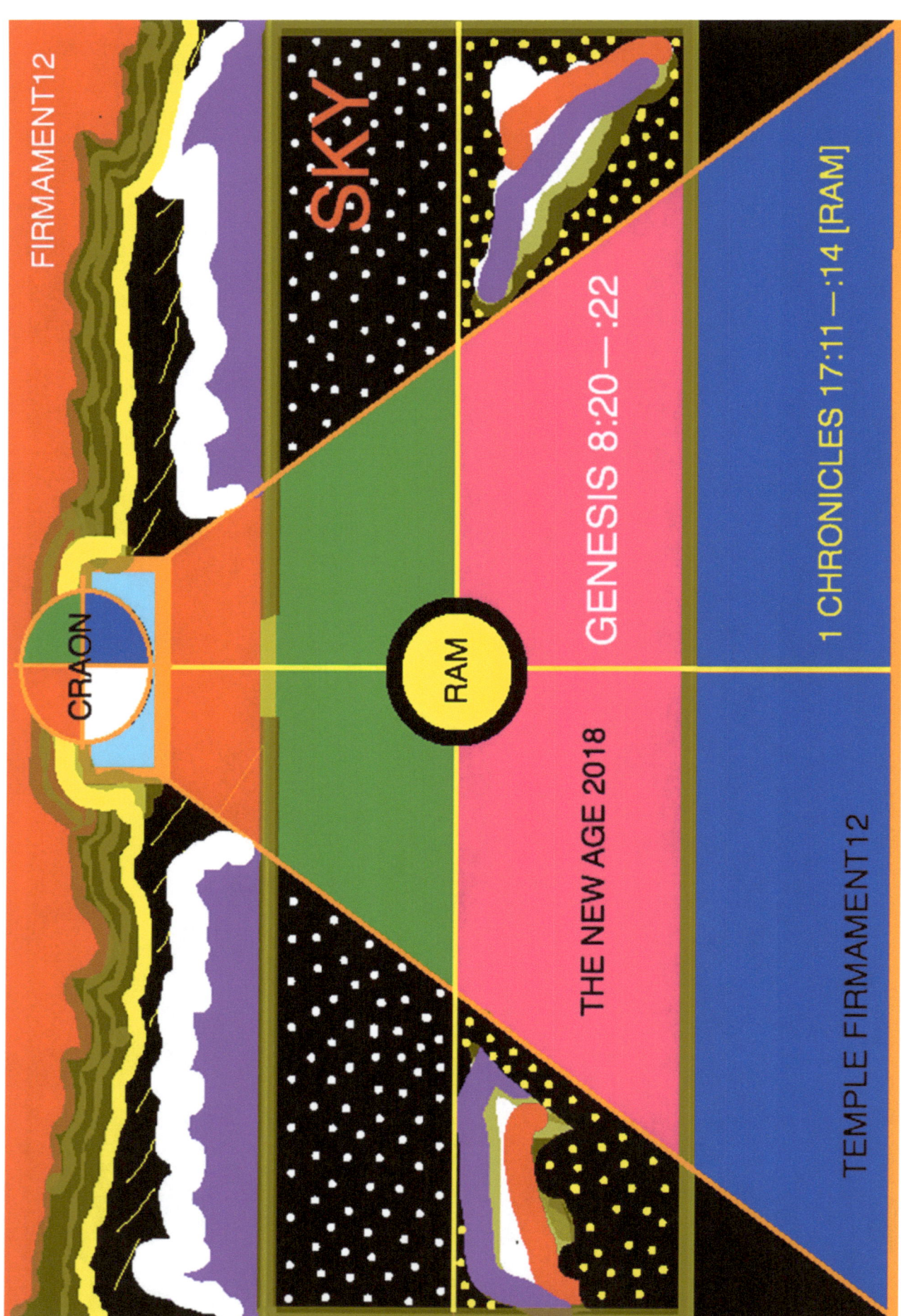

RAM

FIRMAMENT12

JEREMIAH 18:1-:8

FIRMAMENT12

GENESIS 8:01 —:05

R
A
M

THE LAND OF THE HOLY SPIRIT

FIRMAMENT12

2

DALTON

1

RAM

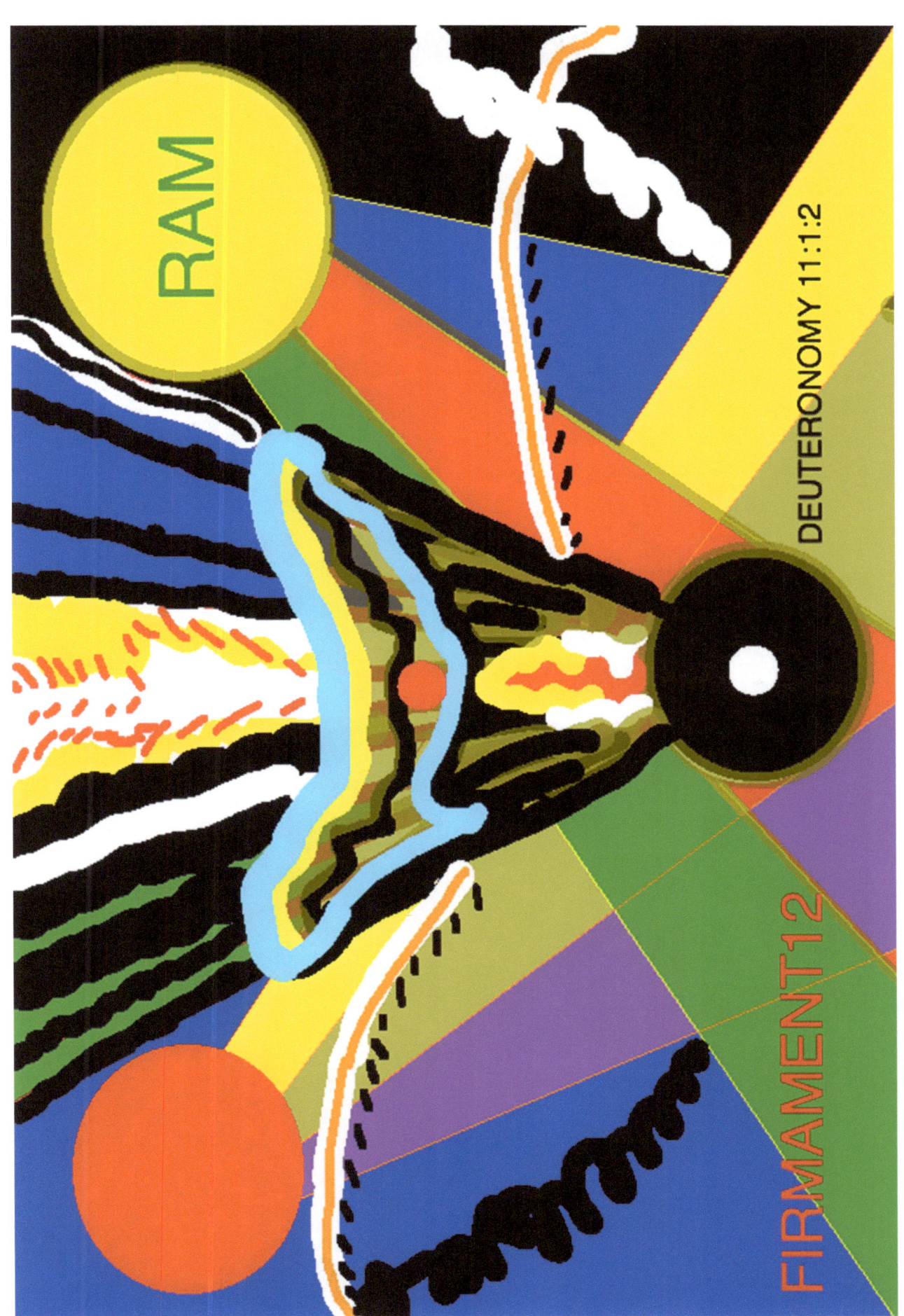

FIRMAMENT12

RAM

ISAIAH 7:10—:14

FIRMAMENT12

JONAH 2:3:4

RAM

FIRMAMENT12

MAQUILIGUE

GOD

DNA
LIFE

MATHER NATURE

GENESIS 2:09

SKY

HOLY SPIRIT

FIRMAMENT12

GOD

RAM

SON

DEEP WATERS

RAM

SUN

RAM

FIRMAMENT12

RAIMBOW

LAND

THE UNIVERSE

THE MAYAN KING RAM

THE HOLY SPIRIT

ON SUNDAY 02/09/18 AT 4:20AM

APPEAR

2

RAM

1

RAM

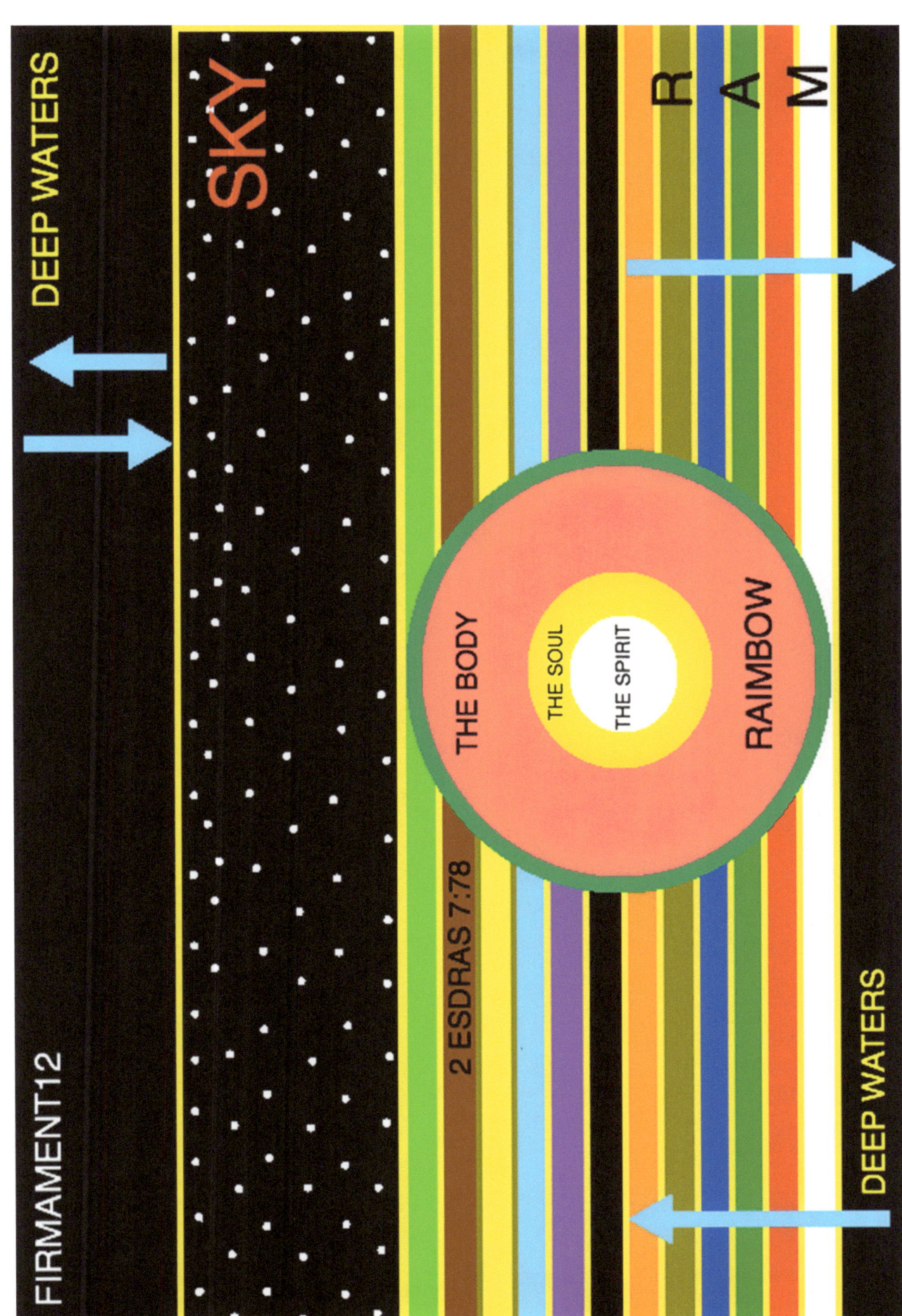

THIS IS THE LAST WILL AND TESTAMENT of me CRAON GOD of Holy Temple FIRMAMENT12, Lake Illawarra, in the State of New South Wales.

1. **I HEREBY REVOKE** all Wills and Testamentary Dispositions heretofore made by me and declare this to be my last will.

2. **I GIVE DEVISE AND BEQUEATH** the whole of my property both real and personal whatsoever and wheresoever situate unto my SONS: **IMMANUEL**[Heaven and Earth], **LUCIFER** [The Lake of Fire], and **RAM** [The holy Temple Firmament12] in equal shares as tenants-in-common **AND APPOINT** them to be Executors of this my Will.

IN WITNESS WHEREOF I have hereunto set my hand this 7th day of July two thousand and nine.

CRAON GOD

SIGNED by the Testatrix and for hi s last WILL in the presence of us both being present at the same time who at his request and in his presence and in the presence of each other have hereunto subscribed our names as witnesses.

RAM
The LORD's Prophet
Lake Illawarra

Elijah John de Baptist
The LORD's Prophet
Lake Illawarra

RAM

WHAT IS A COVENANT?
THE WILL OF THE LIVING CRAON GOD

THE WILL: **An authoritative binding written settlement to be obeyed**. {"But of the tree of the knowledge of good and evil you shall not eat, for in the day that you eat of it you shall surely die"}. The days are coming, says the Lord, when **I will draw up a new COVENANT** with the people of Judah and I will paid holy attention for eternity. JEREMIAH 31:33:34. [EZEKIEL 11:19 [36:26]

1. **Covenant:** when THE RAINBOW APPEARS IN THE CLOUDS, I will see it and remember the everlasting COVENANT. That is the sign of the promise which I am making to all living beings" **GENESIS 9:16:17**

2. **Covenant:** And when Isaac was eight days old, Abraham **CIRCUMCISED** him as GOD had commanded or requires. {THE CIRCUMCISION} Genesis 17:04,[:12],{:19}

3. You are here today to enter into this **COVENANT** that the LORD your GOD is making with you and to accept its obligations, **so that the LORD may now confirm you as his people and be your God** as He promised you and your ancestors, Abraham, Isaac and Jacob. DEUTERONOMY 29:12:13

4. **Covenant:** Then Elijah said to Elisha," Now stay here: The LORD has ordered me to go **to the JORDAN RIVER**," I still did not know that he was the one, but GOD, **who sent me to baptize with water**, had said to me, you will see the Spirit come down and stay on a man: he is the one who baptizes with the holy spirit. 2 Kings 2:06 Isaiah 6:08:09:10

5. **The new COVENANT** that I will make with the people of Israel will be this: **I WILL PUT MY LAW WITHIN THEM AND WRITE IT ON THEIR HEARTS, MINDS and BODY.** I WILL BE THEIR GOD, AND THEY WILL BE MY PEOPLE. None of them will have to teach his fellow countryman to know the LORD, because all will know me, from the least to the greatest. I will forgive their sins and I will no longer remember their wrongs. **I, the LORD have spoken."** This is the last COVENANT THAT WILL STAR exactly +19th June 2001 **[ISAIAH 55:03]**

"{JEREMIAH 31:33:34}." **These are the last one, the one that seals the circle of life, for the New Age, and establish for Eternity with king RAM, the Son of man.** HEBREWS 8:8—13 [JOHN 3:14 {6:27].

A **Covenant** is the Living **God WILL** and is made with the purpose of guiding us to live according to **His Will**, when we enter into his Covenant we are doing, exactly what He means. By speaking of a new Covenant, God has made the **Covenant of the Baptism old:** and anything that becomes old and **worn out will soon disappear. GOD WITH EMMANUEL & THE HOLY SPIRIT.**

Abraham looked around and saw a ram cough in a bush by it horns. He went and got it and offered it as a burn offering instead of his son. [Genesis 22:13]

Leviticus 8:02 and 8:22 Then Moses brought the Second RAM, which was for the ORDINATION OF PRIEST, and Aaron and his sons put their hands on its head.
Leviticus 8:29 Then Moses took the breast and presented it as a special gift to the LORD. It was Moses' part of the Ordination RAM. Moses did everything just as the LORD had commanded.
Deuteronomy 17:18 When he becomes king, he is to have a copy of the book of GOD's laws and teachings made from the Original copy kept by the Levitical priests.

THE HIGH PRIESTS OF HOLY TEMPLE FIRMAMENT12 ORDAIN BY THE LIVING GOD OF ABRAHAM, ISAAC, AND JACOB, FOR THE NEW AGE KINGDOM. EZEKIEL 36:26

KEVIN WILCOCK, TIM CANOSA, PABLO ALAS ZEPEDA, VICTOR MENENDEZ, EFALATA FANGUPO, LISA LOCKETT, WARWICK GRACE, RUDY MENJIVAR, NORM STILES, STEVE GRACE, MIGUEL ANGEL GUEVARA ALMENDAREZ, NAPOLEON MELENDEZ, DOUG GRANT, LINDSAY KERLIN, PAUL BARTLETT, PETER STARR, CHRISTOPHER B. CHRISTIANSEN, JOEL A'BELL, JOHN STILES, CARMEN JULIAN ALAS ZEPEDA, RUDY ARMANDO MONTIEL, ROLANDO LOZA GUANDIQUE, JULIAN DALTON ALAS MELENDEZ, BRAIN HOUSTON, JOYCE MEYER, RAM, ROBERT SAN GABRIEL, PHILIP CAMDEN, JOSH HAMMANN, DON RICHARDSON, THOMAS WILSON,RICARDO LOPEZ, MARIO VEGA, NEIL FOX, MARIA ELENA MELENDEZ HERNANDEZ, MAURICIO MARTINEZ, ALEX WILLIAMS, MAYRA YANIRA HERNANDEZ MELENDEZ, NATALIE ESPINOZA, MARIA DINORA ORELLANA, DAVID JULLIAN, SAMUEL ELIAS VALENCIA ANAYA, WILLIAMS RICH, MIGUEL ENOC GUEVARA, JOSE HUMBERTO ALAS MONTIEL, JULY ARNOLD, VERGIE LAUTON, JORGE MARIO BERGOGLIO, JIMMY SWAGGART, ANA MILAGRO ALAS MONTIEL, JULIA ELIZABETH ALAS MONTIEL, BLANCA LETICIA ALAS MONTIEL, JAMES EUGENE CARREY, DANNY POLSKY.

THE PEOPLE MUST CONSIDER THE PRIEST HOLY, BECAUSE HE PRESENTS THE FOOD OFFERINGS TO ME. I AM THE LORD; I AM HOLY AND I MAKE MY PEOPLE HOLY. Leviticus 21:08 [IT IS ONLY BY GOD'S CALL THAT A MAN IS MADE A HIGH PRIEST_ JUST AS AARON WAS]. When the priesthood is changed, there also has to be a change in the LAW. ["JEREMIAH 31:33:34"]... Hebrews 12:24 You have come to Emmanuel, who arranged the new COVENANT, and to the sprinkled blood that promised much better things than does the blood of Abel.

1

RAM

FIRMAMENT12

RAM

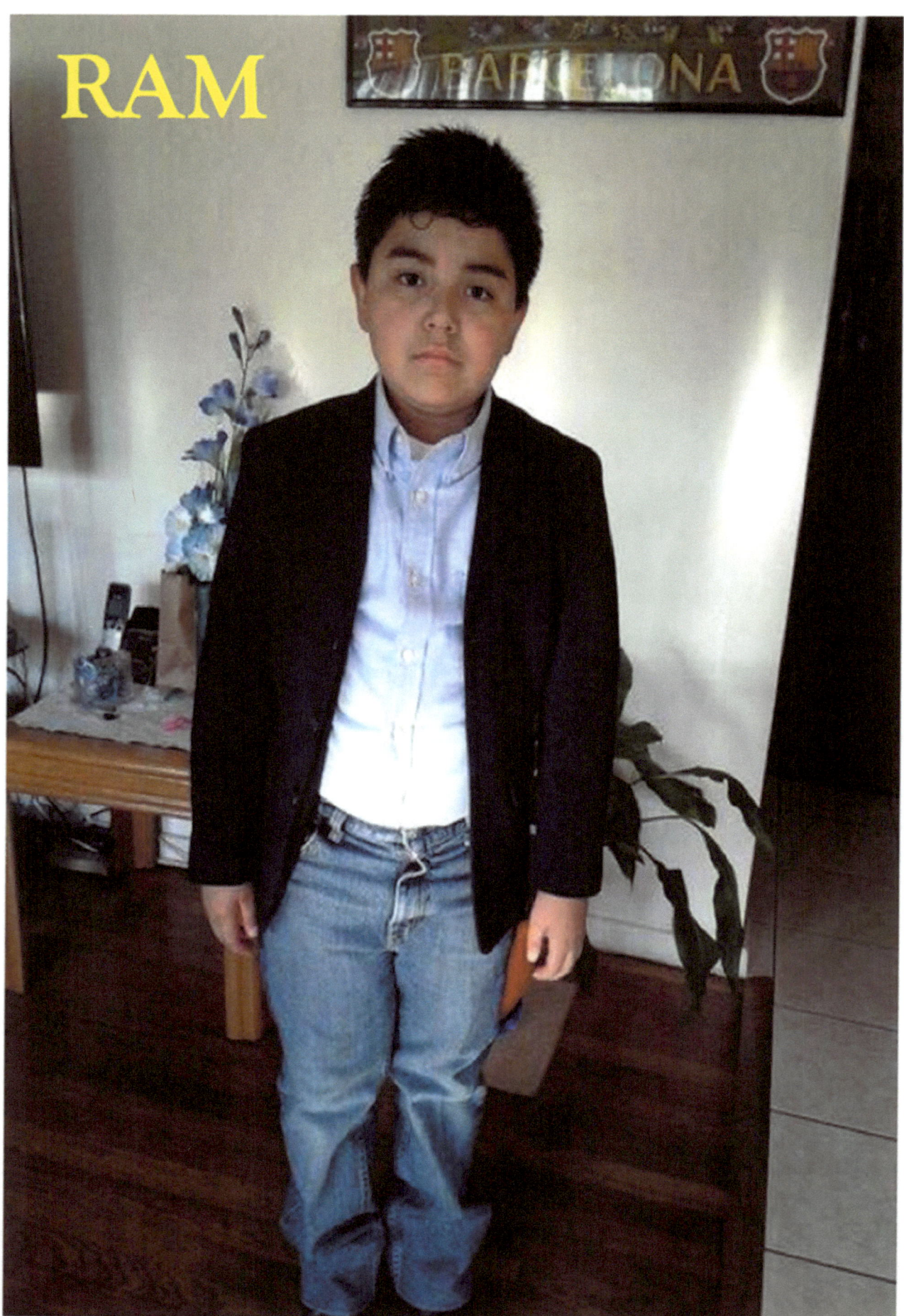

RAM

RAM

RAM

FIRMAMENT12

RAM

FIRMAMENT12

RAM

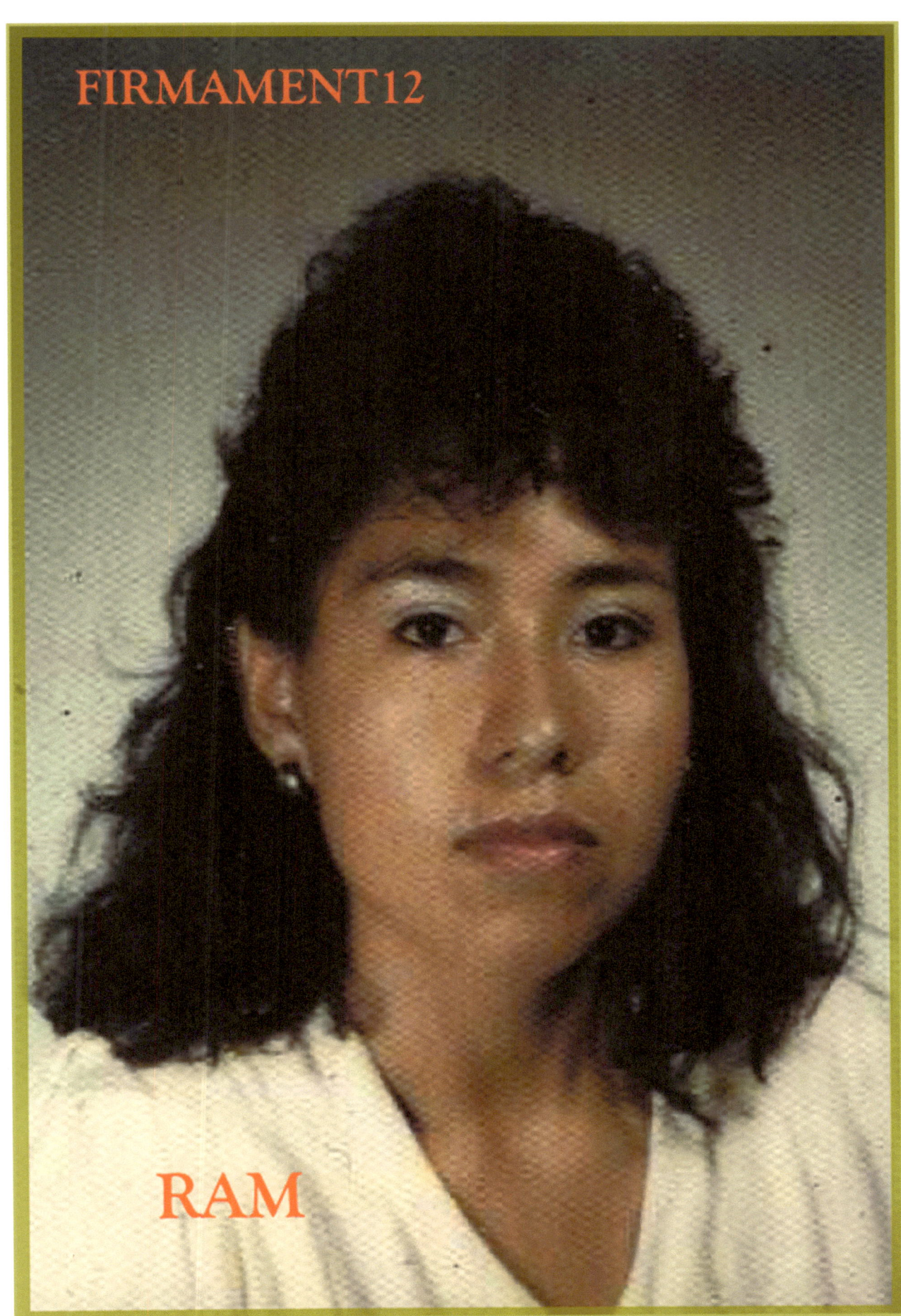

FIRMAMENT12

RAM

RAM

O

RAM

1

RAM

RAM

MATTHEW 16:27

MATTHEW 19:28

AUSTRALIA

MATTHEW 16:28

FIRMAMENT12

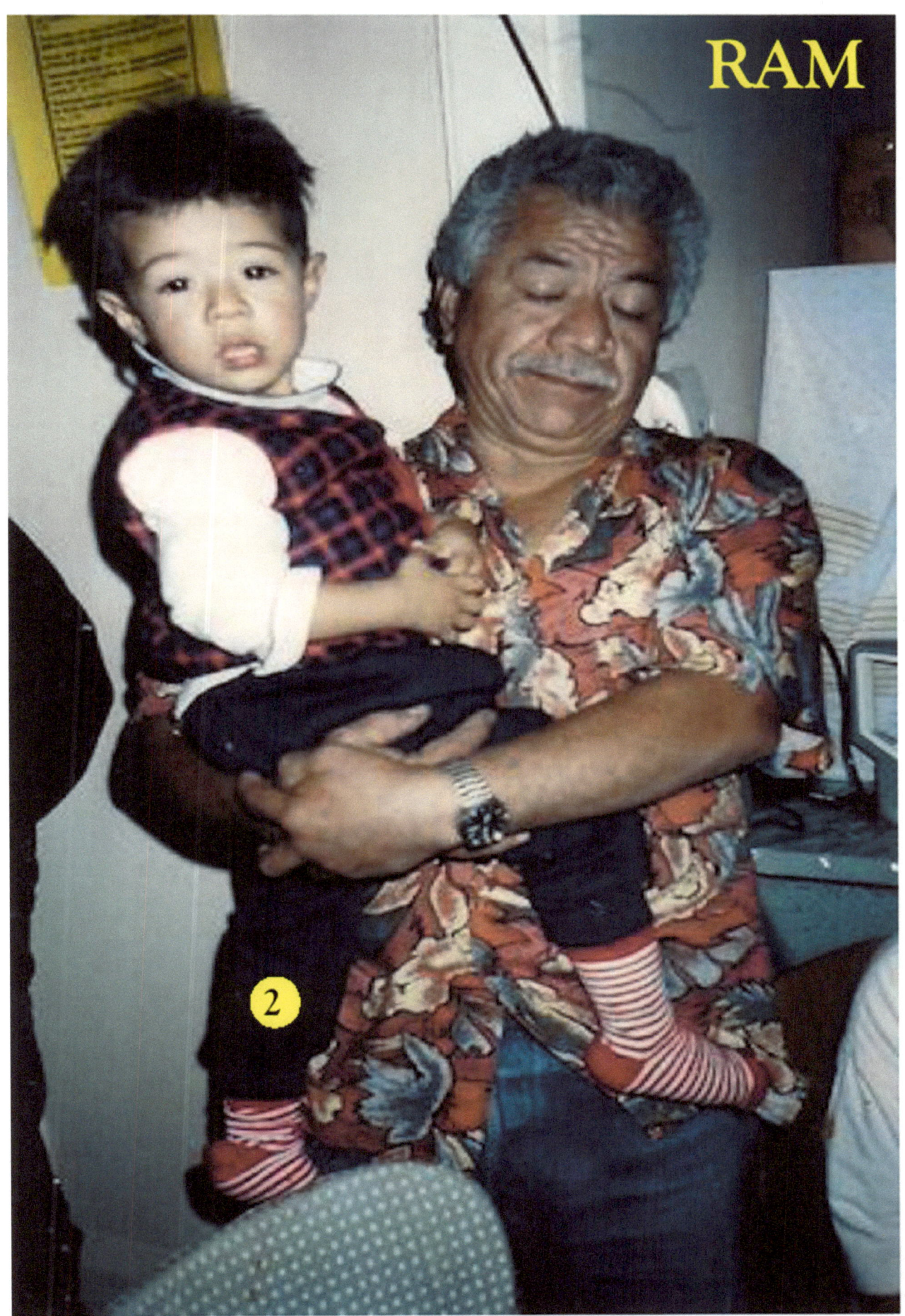

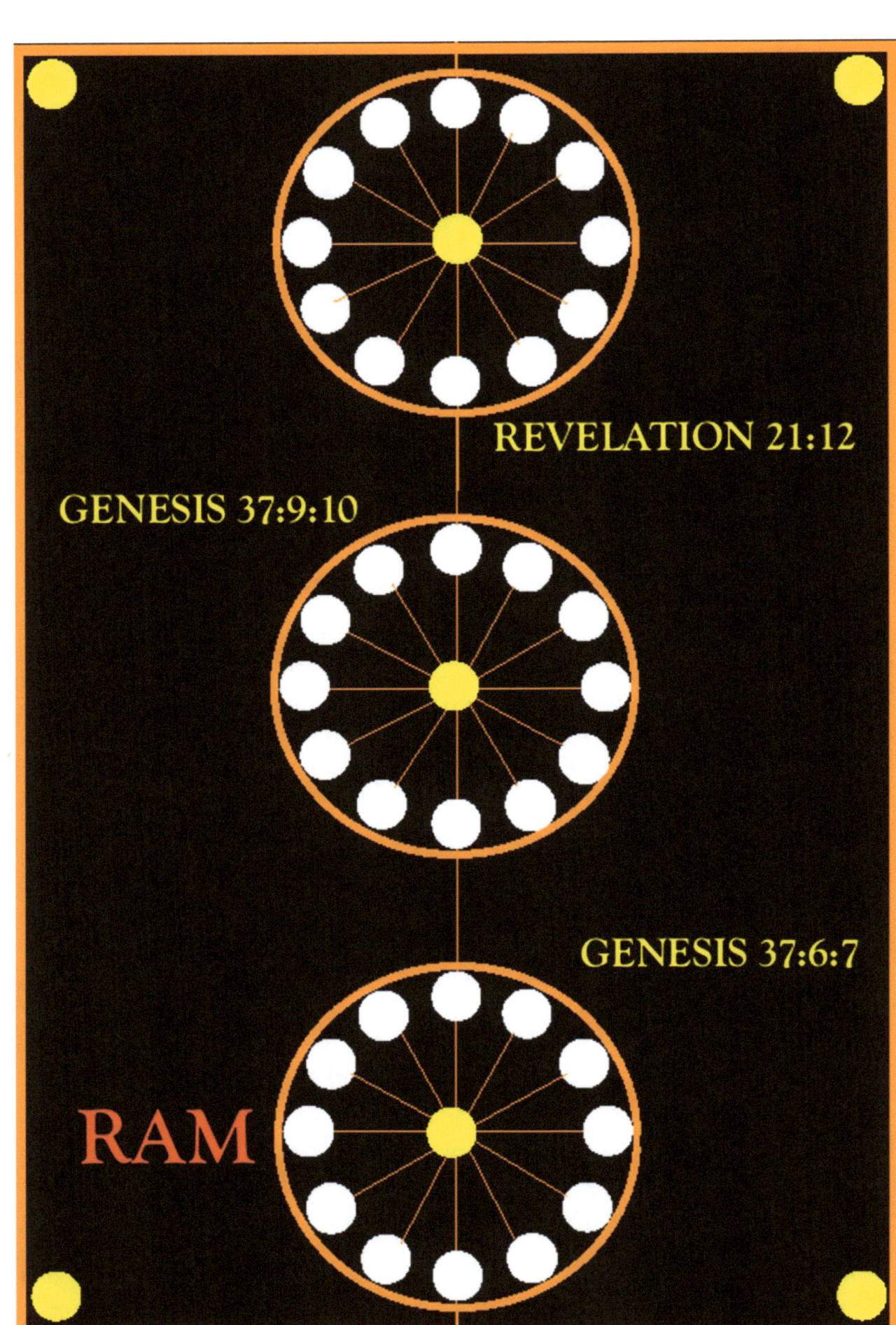

REVELATION 21:12

GENESIS 37:9:10

GENESIS 37:6:7

RAM

RAM

THE FIRMAMENT

OF WATERS

OF FIRE

OF DARKNESS

SPIRIT 7

GOD

SPIRIT 1

SPIRIT 6

SPIRIT 2

SPIRIT OF AIR

SPIRIT 4

SPIRIT 3

SPIRIT 5

SPIRIT

OF EARTH

OF LIGHT

RAM

OF DEATH

RAM

THE SON OF MAN
18/06/2001

RAM

1

RAM

1

FIRMAMENT 12

CPSIA information can be obtained
at www.ICGtesting.com
Printed in the USA
BVHW021023010319
541544BV00003B/11/P